J.-FRANÇOIS D'HOZIER

L'IMPOT DU SANG

ou

LA NOBLESSE DE FRANCE

SUR LES CHAMPS DE BATAILLE

PUBLIÉ

Par Louis PARIS

SUR LE MANUSCRIT UNIQUE DE LA BIBLIOTHÈQUE DU LOUVRE, BRULÉ LE 23 MAI 1871
SOUS LA COMMUNE

TOME TROISIÈME

Première Partie

PARIS

H. CHAMPION, LIBRAIRE

15, QUAI MALAQUAIS, 15

1878

L'IMPOT DU SANG

PARIS. — IMPRIMERIE DE E. MARTINET, RUE MIGNON, 2.

J.-FRANÇOIS D'HOZIER

L'IMPOT DU SANG

OU

LA NOBLESSE DE FRANCE

SUR LES CHAMPS DE BATAILLE

PUBLIÉ

Par L. PARIS

SUR LE MANUSCRIT UNIQUE DE LA BIBLIOTHÈQUE DU LOUVRE, BRULÉ LE 23 MAI 1871
SOUS LA COMMUNE

TOME TROISIÈME

Première Partie

PARIS

H. CHAMPION, LIBRAIRE

15, QUAI MALAQUAIS, 15

1878

L'IMPOT DU SANG

OU LA

NOBLESSE DE FRANCE

SUR LES CHAMPS DE BATAILLE

N

Nadalie (le sr), capitaine au régiment de Tonneins, blessé au siége de la Mothe, juillet 1636.

Nafrede (le capitaine de la), tué au siége de Montauban en 1563 (de Thou).

Nagay (le sr de), capitaine au régiment Hainaic, tué au siége de Grave en 1674.

Nageac (le sr de), lieutenant-colonel au régiment d'Henrichemont-cavalerie, blessé et fait prisonnier à la bataille de Todenhausen, août 1759.

Nagel (le sr), secrétaire de l'escadre du bailly de Suffren dans les mers de l'Inde, fut grièvement blessé à côté de ce général au combat Negapatnam.

Nagelin (Rodolphe), conseiller de Berne et capitaine suisse au service du roy, fut tué au combat de la Bicoque en 1522.

1

NAGLES (le s^r de), capitaine de frégate du port de Brest, tué commandant en course le *Marin* le 22 juillet 1635.

NAGU (Roger de), marquis de Varennes, colonel du régiment de Champagne, puis lieutenant général des armées du roy et gouverneur d'Aiguesmortes, blessé au siége d'Hesdin en 1639, le fut encore à la bataille des Dunes en 1658 et fut tué en la même année au siége de Gravelines.

NAGU (Charles de), son frère, marquis de Varennes, aussy colonel du régiment de Champagne, tué à l'escalade de Louvain en 1635.

NAGU (Joseph-Alexandre de), marquis de Varennes, chevalier de Saint-Louis et lieutenant général des armées du roy, blessé à la bataille de la Marsaille en 1693, mourut en 1723.

NAGUERNA (le s^r de), officier au régiment d'Aiguebonne, blessé à la bataille du Thesin, juin 1636.

NAIMET (le chevalier), lieutenant au régiment d'infanterie d'Harcourt, blessé à la levée du siége de Lérida, novembre 1646.

NAILLAC (Jean de), chevalier, seigneur de Naillac et du Blanc en Boug, vicomte de Briduées, grand pannetier de France, conseiller chambellan ordinaire du roy et sénéchal de Limousin, tué à la bataille des Harengs en 1429.

NAIS-CASTERA (Jean de), seigneur de Saint-Martin, capitaine au régiment de Gassion cavalerie, tué au siége d'Aire en 1641.

NAJAC-d'APELLE (le s^r de), chevalier de Saint-Louis, lieutenant-colonel du régiment d'Henrichemont, depuis Royal

Normandie cavallerie, fut blessé de onze coups de sabre à la bataille de Minden en 1759.

NALIÈRE (de), capitaine du régiment d'Anjou, blessé au siége de Mayence en septembre 1689.

NAMCY (le seigneur de), guidon de la compagnie des gendarmes du comte d'Aumale, tué au combat de 1552 près Metz, entre ce prince et le marquis de Brandebourg.

NANT (le s^r de), capitaine au régiment de Piémont, est tué dans le combat naval du 9 août 1646, devant Madrid.

NANCEL (le s^r de), gentilhomme officier de l'armée du roi, est tué le 3 août 1639, à la prise de Rumingen en Artois.

NANCLAS (Isaac de), chevalier de Saint-Louis, lieutenant général des armées du roy inspecteur général de l'infanterie, gouverneur de Palamos puis de Mont-Louis, fut blessé au siége de Candie en 1669; deux Turcs étant venus fondre sur luy le sabre à la main pour le faire prisonnier, il se deffendit à coups d'épée, et tua ces deux mahométans.

NANGIS (V. BRICHANTEAU, t. Ier, p. 296, 297, et au supplément à ce dernier nom.)

NANSY (le s^r), officier du parti du roy, fut tué au siége de la Rochelle en 1573 (de Thou).

NANTEUIL (Gauthier de), seigneur d'Autriche, chevalier, châtelain de Bar, fut assommé à coups de massue par les Turcs au siége de Damiette en 1249 et mourut le même jour de ses blessures. Tout vaillant qu'il étoit, le roy ne le plaignit pas, parce qu'il avoit agi contre ses ordres en faisant une sortie sur les Sarrasins. Joinville, qui le nomme *messire-Gaultier d'Eutrache* (au lieu d'Autriche), dit que lorsque l'on vint annoncer sa mort au roy, ce pieux monarque répondit *qu'il n'en voudroit mie avoir aucun qu'ils ne voulsissent autrement le croire et obéir à ses commandements que avoit fait celui seigneur d'Euttrache, et par son deffaut mesme, il s'estoit fait tuer.*

NANTEUIL (le comte de), mestre de camp du régiment de Nanteuil, tué au siége de la Mothe en Lorraine en 1634.

NANTEUIL (le comte de), gouverneur de Corbie, meurt des blessures qu'il avoit reçues en tombant dans une embuscade des ennemis le 11 août 1640.

NARBONNE-LARA (Aymery III de), tué le 7 juillet 1134 dans un combat livré aux Maures sous les murs de Fraga, par Alphonse, roi d'Aragon.

NARBONNE (Aimery, vicomte de), amiral de France, fut blessé à la bataille de Poitiers en 1356.

NARBONNE (Arnaud de), tué à la bataille de Verneuil en 1424.

NARBONNE (Guillaume, vicomte de), l'un des principaux conseillers du Dauphin depuis roy Charles V, périt aussy à la même bataille « *lequel* (dit Enguerrand de Monstrelet), après ce qu'il fut trouvé mort en la bataille, fut escartellé et son corps pendu au gibet pour ce qu'il avoit esté consentant de la mort du duc de Bourgogne deffunct ».

NARBONNE (Gabriel de), seigneur de Roquefort, mourut devant Boulogne, d'après l'*Histoire* de cette maison qui ne désigne pas si ce fut au siége de cette ville en 1544 et 1545 ou à celuy de 1549.

NARBONNE (Charles de) fut tué au siége d'Amiens en 1597, où il portoit l'enseigne-colonel des gardes.

Narbonne (Amalric de), marquis de Fimarçon, chevalier de l'ordre du roy et capitaine de 50 hommes d'armes
de ses ordonnances, mourut le 8 août 1622 des blessures
qu'il reçut au siége de Montauban.

(*Nota.* Catherine de Narbonne, épouse de Jean de la Palu, —
seigneur de Brassac, sénéchal de Castres et gouverneur de
Narbonne, fut tuée d'un coup de pistolet à la prise de
Castres, le 21 juin 1569.)

Narbonne (François de), son fils, marquis de Fimarçon,
mort le 15 août 1622 des blessures qu'il reçut au siége de
Clérac.

Narbonne (Hector de), son autre fils, marquis de Fimarçon, tué au siége de Pamiers en 1628.

Narbonne (le sr de) est blessé au siége de Candie,
mars 1669.

Narbonne (le chevalier de), capitaine au régiment de
Tilladet est blessé mortellement à la bataille de Cassel,
avril 1677.

Narbonne, capitaine au régiment de Clérambault, blessé
à la bataille de Staffarde le 18 août 1690.

Narbonne (N. de), lieutenant au régiment de Picardie,
blessé à la bataille de Parme en 1734.

Narbonne (le sr de), capitaine dans le régiment de Mo-
naco, est blessé au siége de Namur, octobre 1746.

Narbonne (le chevalier de), colonel en second des grenadiers royaux de l'Espinasse, tué à la journée de Grebenstein, le 24 août 1762.

Nargonne (le sr), capitaine au régiment de Champagne,
blessé en 1625 à la descente des Anglois dans l'isle de Ré,
le fut encore à la bataille d'Avein en 1635.

Nas de Tourris (Jean-Baptiste), gentilhomme ordinaire de la chambre du duc d'Alençon et commandant la cavalerie dans la guerre de Flandre, tué à l'âge de trente-quatre ans dans une attaque de la ville d'Anvers.

Il est cité dans l'*Histoire des guerres de Flandre* parmi les officiers généraux et gens de qualité qui trouvèrent la mort sous les murs de cette ville.

Nas (Louis de), seigneur de Tourris, blessé au siége de Candie en 1669.

Les Nas, originaires d'Aix en Provence, seigneur de Tourris par le mariage de l'un d'eux avec Catherine de Chautard, dame de Tourris : d'azur au lion d'or, armé et lampassé de gueules.

Nassau (le comte de), tué le 23 août 1844, dans une rencontre avec l'ennemi près de Hessemdam.

Nassau (le comte de) meurt des blessures qu'il avoit reçues au combat de Kockeberg le 9 octobre 1677.

Nassau (le comte de) est blessé à la bataille de Nerwinde en 1693.

Nassau-Wsingen-(Jean Adolphe, *prince* de), mestre de camp du régiment de Nassau cavallerie et maréchal de camp, blessé d'un coup de fusil au bras à la bataille de Sundershausen en 1758.

Nassau (le prince de), colonel du régiment de Deux-Ponts, eut l'épaule fracassée d'un coup de canon le 7 juin 1762 et mourut de sa blessure l'année suivante.

Nateuil (le sr de), officier, est blessé au siége de Candie, mars 1669.

Nattes (Dominique de), lieutenant au régiment de Soissons, blessé et fait prisonnier à l'attaque d'Ardembourg en 1673, mort peu de temps après à l'âge de vingt-deux ans, à Middelbourg en Zélande, où il avoit été conduit.

NATTES (Henri de), lieutenant au même régiment, blessé grièvement aux siége et prise de Saint-Ghislain, en Flandre, près de la porte de cette ville et mort de ses blessures trois semaines après, au château de Bossut, en décembre 1677 : il n'étoit âgé que de dix-huit ans.

NATTES (François de), capitaine à ce même régiment de Soissons, tué à la bataille de Fleurus, le 1er juillet 1790, après seize ans de services et âgé seulement de trente-trois ans.

NAUDIN GABARET, lieutenant de frégate et flûte du port de Rochefort, périt sur la *Belle* le 14 aoust 1680.

NAUDY (le sr de), capitaine de brûlot du port de Brest, saute en l'air à Vigo, sur l'*Oriflamme*, le 21 octobre 1702.

NAUGUEZ DE BEAR (le sr de) reçut un coup de mousquet à travers le corps et deux coups de pique au visage au siége de Bois-le-Duc, en 1629, et mourut de ses blessures (*Mercure de France* de 1629, où il est dit aussy qu'il se fit catholique par les conseils du gardien des capucins).

NAVAISSE (Pierre de), gentilhomme dauphinois, tué à la bataille de Verneuil, le 6 août 1424.

NAVAILLES. (Voy. MONTAUT).

NAVALLIERE, capitaine au régiment de Flandre, blessé à la bataille de Staffarde, le 18 août 1690.

NAVAPS (le sr), capitaine-lieutenant de la Bloquière, est tué le 1er avril 1609 dans un combat donné aux environs de Saint-Amour.

NAVARRE (Philippe III, roy de Navarre), dit le *Bon* et le

Sage (petit-fils du roy Philippe le Hardi), fut blessé dan gereusement au siége d'Algésire en Grenade, et mourut à Xérès, le 16 septembre 1343.

Navarre (Pierre, comte de), dit *dom Pedro Navarro*, baron et vicomte de Martingues, chevalier de l'ordre du roy, amiral, gouverneur et lieutenant général pour S. M. en ces Païs de Gennes et de Savonne, fut grièvement blessé au siége du château de Milan en 1515, et mourut en 1528.

Navarre (le capitaine), blessé en 1586 dans une action, mourut peu de temps après de ses blessures (de Thou).

Navarre (le sieur de), officier de marine blessé de quatre coups de feu sur *le Réal*, côte de Catalogne, en février 1744.

Navasquez (Charles de), tué à la défaite des François près de Pampelune en 1521.

Navette de Chassignol (Charles), chevalier de Saint-Louis, lieutenant-colonel du régiment de Béarn, fut blessé au siége de Munster en 1759 et à la bataille de Johans-berg en 1762.

Néelle (Jean de), dit le *Bègue*, comte de Soissons, se trouva à la bataille de la Massouré en 1249, où Joinville, en parlant de luy et de Pierre de Noailles dit *qu'assez avoient souffert de coups dans cette journée*.

Néelle (N. de), seigneur de Falvy, tué à la bataille de Courtray, en 1302.

Nelle (Guy de), seigneur de Melle, chevalier, maréchal de France, lieutenant de roy, capitaine général et souve-rain dans les provinces d'Artois et de Boulonois, et depuis dans celles de Poitou, de Saintonge, de Limosin et de Péri-gord en deçà la Dordogne, et ensuite capitaine général et gouverneur de Bretagne, fut tué dans un combat contre les Anglois en 1352, près de Mauron en Bretagne.

Néelle (Guillaume de) fut tué à la bataille de Poitiers en 1356.

Néelle (Raoul de), chevalier seigneur de Saint-Crespin. Guy de Néelle, chevalier, sire d'Offremont et de Mello, ministre d'État, conseiller chambellan ordinaire du Roy et grand maître de la maison de la reine Isabeau de Bavière, tué à la bataille d'Azincourt en 1415.

Nelle (Raulequin de), son fils, chevalier, tué à la même bataille.

Nerbrun (le sr), chevalier de Saint-Louis, capitaine puis lieutenant-colonel du régiment de Lameth cavalerie, blessé à la bataille de Rosbach en 1757.

Nerestaing (Antoine, marquis), tué au siége d'Issoire en 1577.

Nerestaing (Philibert de), baron de Saint-Didier, chevalier de l'ordre du roy, gentilhomme ordinaire de sa chambre, capitaine de ses gardes du corps, maréchal de ses camps et armées, mestre de camp d'un régiment d'infanterie, conseiller d'État d'épée et grand maître de l'ordre de Saint-Lazare, mourut en 1620 de la blessure qu'il avoit reçue à la prise du pont de Cé.

Nerestaing (Jean-Claude, marquis de), fils du précédent, baron de Saint-Didier, grand maître de l'ordre, de Saint-Lazare, conseiller d'État et d'épée, colonel du régiment depuis Bourbonnois, maréchal de camp et gouverneur de Casal, tué au siége de Turin, où il commandait contre une attaque du prince Thomas, le 2 août 1639.

NERLIEU (le sʳ de) est tué le 10 février 1649, dans une rencontre avec un parti de frondeurs près de Vitry.

NÉRON (le sʳ de), lieutenant au régiment du sieur de la Motte, est blessé à la bataille de Turin, juillet 1640.

NESLE (Guy de), connétable de France, tué à la bataille de Courtray en 1302. (*Chronique de Flandres.*)

NESLE (sire Raoul de), son frère, seigneur de Faloy, tué à la même bataille. (*Chronique de Flandres.*)

NESLE (Guillaume de), tué à la bataille de Poitiers en 1356.

NESMOND (Pierre de), tué à la bataille de Cérisolles gagnée par le comte d'Enghien en 1544.

NESMOND (Philippes de), son frère, tué à la même bataille.

NESMOND (Julien de), son autre frère, tué à la même bataille.

NESMOND (Charles de), tué au service vers le règne de Louis XIII.

NESMOND (François de), son frère, tué au service aussy vers le règne de Louis XIII.

NESMOND (Antoine de), tué dans les guerres de Louis XIV.

NESMOND (Jean de), son frère, tué dans les mêmes guerres de Louis XIV.

NESMOND (le chevalier de), à bord du vaisseau *l'Infante* est blessé dans un combat contre trois vaisseaux d'Alger, sur la route de Lisbonne. Décembre 1663.

NESMOND (marquis de), lieutenant général des armées navales, mort à la Havanne commandant *le Ferme*, le 11 juin 1702.

NESMOND DE LA PRIGNERIE (le chevalier de), aide d'artillerie du port de Rochefort, tué devant Barcelone le .. juin 1714.

NESTIER (le sᵣ), commandant trois régiments de cavalerie à la bataille de Casal, est blessé très-dangereusement au siége de Turin, août 1640.

NESTIER (le sᵣ de), officier dans le régiment de Florinville, est blessé le 8 septembre 1641 au siége de Cosin, puis major au même régiment est encore blessé au siége de Tortone, décembre 1642, et à celui de Porto-Longone, en novembre 1646.

NETTANCOURT (Jean de), baron de Vaubecourt, seigneur de Passavant et d'Autrecourt, capitaine de cent chevaulégers, gouverneur du comté de Beaulieu et commandant de l'aile gauche de la cavalerie à la bataille d'Ivry, en 1590, où il se signala, fut dangereusement blessé au combat d'Aumale en 1592, en dégageant le roy Henry IV.

NETTANCOURT-D'HAUSSONVILLE (Jean de), comte de Vaubecourt, baron d'Orne, de Choiseul et du Saint-Empire, chevalier des ordres du roy, gentilhomme ordinaire de sa chambre, capitaine de cent hommes d'armes de ses ordonnances, lieutenant général de ses armées, conseiller d'État d'épée, gouverneur de Savarin, de Beaulieu et de Châlonssur-Marne, et lieutenant général dans les Trois-Évéchés, eut une cuisse cassée d'une pièce de canon qui prit feu.

NETTANCOURT (Henry de), seigneur de Vaubecourt, tué au siége de la Rochelle en 1628.

NETTANCOURT-VAUBECOURT (le sᵣ de), maréchal de camp, est blessé au siége de Roses, mai 1645; c'est le même sans doute, qui, au dire de la *Gazette*, est trouvé au siége de

Furnes en 1648 et est en juin 1652 donné en otage au duc de Lorraine pour sûreté de la retraite de ce prince.

NETTANCOURT (Jean de), baron d'Haussonville, tué à la bataille de Lens en 1648.

NETTANCOURT (N... dit le *marquis* de), colonel d'un régiment d'Infanterie, blessé en 1644 dans la guerre contre les Bavarois, fut tué à la bataille de Rethel en 1650.

NETTANCOURT (N... de), tué dans les guerres de Louis XIV, servant dans le régiment d'infanterie, dont le marquis de Nettancourt, son père, étoit colonel.

NETTANCOURT-D'HAUSSONVILLE (Nicolas Joseph de), dit le chevalier de *Vaubecourt*, capitaine au régiment du comte de Vaubecourt, son frère, blessé en 1678 au siége de Lichtemberg en Allemagne, mourut le lendemain 13 octobre.

NETTANCOURT (Jean-Philippe de), tué au siége d'Ipres en 1678.

NETTANCOURT-D'HAUSSONVILLE (Louis-Claude de), comte de Vaubecourt, vidame et gouverneur de Châlons-en-Champagne, chevalier de Saint-Louis, gouverneur de Verceil, colonel du régiment de Vaubecourt, lieutenant général du pays Messin et du Verdunois, puis lieutenant général des armées du roy, dangereusement blessé d'un coup de mousquet à la tête au siége de Lichtemberg en 1678, le fut encore d'un pareil coup à la tête à celuy de Philisbourg en 1688 et à l'attaque du poste de Zwingemberg en 1693, d'un éclat de grenade qui lui fracassa le pied : tué près de Vigevano dans le Milanais le 17 mai 1705.

NETTANCOURT (le s^r de) se distingue aux batailles gagnées

le 3 et le 5 août 1644 par le duc d'Enguien sur les Bavarois devant Fribourg et est blessé à la dernière de ces deux actions.

NETTANCOURT (le sʳ de), mestre de camp, est blessé au siége de Saverne, juillet 1636.

NETTANCOURT (Louis, dit le *marquis* de), chevalier de Saint-Louis, colonel du régiment de Nettancourt, et brigadier des armées du roy, blessé d'un coup de mousquet au combat de Donawert en 1703, mourut à Augsbourg dix jours après.

NETTANCOURT (le marquis de) est dangereusement blessé au combat de Schellenberg, juillet 1704.

NETTANCOURT (Nicolas-Joseph), appelé le chevalier de Vaubecourt, capitaine dans le régiment de son frère (Louis-Claude), blessé mortellement à Lichtemberg en Allemagne, le 12 oct. 1718.

NETTANCOURT D'HAUSSONVILLE (Jean-Charles de), marquis de Vaubecourt, chevalier commandeur de l'ordre royal et militaire de Saint-Louis, lieutenant général des armées du roy, gouverneur de Salins, ci-devant colonel aux grenadiers de France, colonel au régiment de Dauphiné et de celui de Vaubecourt, blessé à l'affaire d'Ettingen en juillet 1743, et à la bataille de Raucoux, octobre 1746.

NEUBOURG (le sʳ de), lieutenant au régiment d'Uxelles, est blessé dangereusement au siége de Roses, mai 1645.

NEUCHELLE (le sʳ de), lieutenant des gardes du corps, nommé au gouvernement de Sainte-Menehould, est blessé au siége de Fribourg en novembre 1677, tué au combat de Leuze, en 1691.

NEUCHÈZE ou NUCHÈZE, commandeur de l'ordre de Malte, vice-amiral des armées navales, est blessé dans un combat engagé le 23 août 1644, entre les galères de la Religion et celles de Malte.

Ancienne famille originaire du Poitou, que l'on retrouve en Normandie, en Angoumois : porte : de gueules à neuf molettes d'argent, a des représentants.

NEUF DE MONTENAY (François le), lieutenant au régiment d'Anjou, mourut à Mayence le 16 août 1689, des blessures qu'il reçut pendant le siége de cette ville.

NEUF (Pierre-Gabriel-Louis le), seigneur de Sourdeval, chevalier de Saint-Louis, lieutenant-colonel du régiment de Rohan infanterie, brigadier des armées du roy, blessé aux batailles de Guastalla et de Fontenoy en 1734 et 1745, mourut le 16 novembre 1754, âgé de cinquante-quatre ans.

NEUF DE BOISNEUF (V. DE BOISNEUF).

NEUFCARRES (Charles-Henry de), chevalier de Saint-Louis, major du régiment de Champagne, fut blessé à la bataille de Parme en 1734.

NEUFCHATEL (Thibaud de), seigneur de Châtel-sur-Mozelle et de Bainville, tué à la bataille de Nicopolis en 1396.

NEUFFEIM ou DE NEUSFEIM (François), dit le baron de Neusfeim, lieutenant au régiment d'Alsace, blessé à la bataille de Clostercamps en 1760.

NEUFFEIM (Antoni baron de), capitaine au même régiment, blessé à la même bataille.

NEUFLIZE (le sr de), chevalier de Saint-Louis et lieutenant-colonel du régiment de Navarre, blessé à la bataille de Malplaquet en 1709, mourut en 1716.

Neufville (le s^r de), capitaine au régiment de Navarre, tué à l'attaque de Charenton en 1649.

Neufville (le seigneur de), père et fils, le dernier châtelain de Lens, furent tués à la bataille d'Azincourt en 1415. (V. de Recourt de Lens, qui paraît avoir grand rapport avec cet article).

Neufville (Charles de), marquis de Villeroy et d'Halincourt, comte de Bury, chevalier des ordres du Roy, gentilhomme ordinaire de sa chambre, conseiller en son conseil privé, capitaine de cent hommes d'armes de ses ordonnances, grand maréchal des logis de sa maison, ambassadeur à Rome, gouverneur de Pontoise, sénéchal et gouverneur de Lyon, du Lyonnois, Forez, Beaujolais et du Vexin, fut blessé à l'épaule au siége de Toulon en 1589, il mourut au mois de janvier 1642.

Neufville-Villeroy (Lyon, François de, s^r d'Halincourt), chevalier commandant l'ordre de Malte et mestre de camp du régiment d'infanterie du Lyonnois, est tué à la défense de la ville de Turin surprise par le prince Thomas, août 1639.

Neufville (le s^r de), maréchal des logis du régiment du Térrail, est blessé au siége de Turin, juin 1640.

Neufville (François de), duc de Villeroy, pair et maréchal de France, chevalier des ordres du Roy, capitaine de ses gardes du corps, ministre d'État, chef du conseil royal des finances, gouverneur de Lyon, du Lyonnois, de Forez et de Beaujolais, eut le bras percé d'un coup de flèche au combat de Saint-Godard en 1664; fut encore blessé à celui de Senef en 1674, où il fit des prodiges de valeur, et à la surprise de Crémone en 1702; il mourut le 18 juillet 1730.

NEUFVILLE (le s^r de), gentilhomme du duc de Rohan, est tué au siége de Candie, mars 1669.

NEUFVILLE (le s^r de), enseigne de vaisseau, est tué au combat gagné le 2 juin 1676 par le maréchal Vivonne, sur la flotte combinée d'Espagne et de Hollande, juin 1676.

NEUFVILLE (le s^r de), garde-marine, est blessé dans un combat avec les Hollandois à Tabaco, avril 1677.

NEUFVILLE, chevalier de Villeroy, meurt le 16 février 1700, sur une galère de la religion, qui, abordant un vaisseau turc avec trop d'impétuosité, se brise et coule à fond instantanément.

NEUFVILLE (le s^r de la), capitaine au régiment de Picardie, tué au siége de Privas en 1629 (*Mercure* de cette année).

NEUFVILLETTE (le s^r de), capitaine au régiment de Picardie, est tué dans l'affaire du 23 juin 1640, près d'Arras.

NEUIL (le s^r de), capitaine au régiment royal des Vaisseaux, blessé au combat de Seneff en 1674.

NEUILLAN (le comte de), gouverneur de Niort, et capitaine au régiment de Mesleraye cavalerie, meurt à Arras le 11 septembre 1648, en sa dix-huitième année, des blessures qu'il avoit reçues le 20 août précédent à la bataille de Lens. (Voir au mot TRAVAILLES).

NEUILLY (le s^r de), capitaine au régiment de Seyron, est tué au combat de Civita, janvier 1648.

NEULLY (le s^r de), officier, est blessé à la levée du siége de Lérida, décembre 1646.

NEUVILLE (le s^r de), capitaine au régiment de Chamblai, est tué au combat du Thésin, juin 1636.

NEUVILLE (de), lieutenant au régiment de Beauvais, tué au siége de Mayence en septembre 1689.

NEUVILLE (de), lieutenant au régiment d'Orléans, blessé au siége de Mayence en septembre 1689.

NEUVILLE, capitaine au régiment de Grancey, blessé à la bataille de Staffarde le 8 août 1690.

NEUVILLE (le s^r de), officier au régiment de Navarre, blessé dangereusement à la bataille de Creweldt en 1758.

NEUVILLE (le s^r de la), sous-lieutenant au régiment depuis Bourbonnais, fut blessé en 1625 à l'attaque des retranchements des ennemis devant Verüe.

NEVERS (Renaud de), comte de Tonnerre, tué au siége d'Acre en 1191.

NEVERS (Guillaume V, comte de), mort en Palestine des suites de ses blessures en 1164.

NEVERS (Voy. GONZAGUE).

NEVEU DE MOLMONT (Jean-Baptiste le), chevalier de Saint-Louis, lieutenant-colonel du régiment de Vatan, depuis Vexin, lieutenant du roy de la citadelle de l'isle de Rhé, et maréchal de camp en 1791, fut blessé à la bataille de Minden en 1759.

NEVILLI (le s^r de), capitaine au régiment de Champagne, blessé à Lérida en 1646.

NEXION (le s^r de), sous-brigadier des chevau-légers de la garde, blessé au siége de Mons en 1691.

NEZOT (Claude-François dit le *chevalier* de), chevalier de

2

Saint-Louis, capitaine de grenadiers au régiment de la Marck, blessé à un bras et à la jambe gauche à la bataille de Rosback en 1757, le fut aussy à la jambe droite à l'attaque de Traumsfeld, et reçut encore une balle sur la poitrine en Corse en 1769; mais elle ne luy fit qu'une contusion.

Nicolay (de), capitaine de galliote d'artillerie du port de Brest, tué à Gibraltar sur le..., avril 1705.

Nicolaï (Nicolas), marquis de Presles, chevalier de Saint-Louis, colonel du régiment d'Auvergne, et brigadier des armées du roy, reçut une blessure très-considérable à la hanche au siége de Philisbourg, et mourut en 1718.

Nicolaï (Antoine-Chrétien, dit d'abord le *chevalier* puis le *marquis* de), chevalier de Malte, puis chevalier de Saint-Louis, maréchal de France commandant en Hainaut, et gouverneur des ville et citadelle de Marseille, fut blessé à la bataille de Rosback en 1757.

Nicolaï (Aymar-Charles-François dit le *marquis* de), son neveu, chevalier de Saint-Louis, colonel du régiment de Nicolay dragons, puis de la légion royale; ensuite, premier président du grand conseil, fut blessé en janvier 1761 à la retraite de Duderstatt dans l'armée du maréchal de Broglie.

Nicolis du Vernant (le sr), lieutenant au régiment de Piémont, donne de grandes preuves de valeur à l'attaque du pont sur la rivière de la Licette, quoiqu'il eût eu le bras cassé au commencement de l'action, février 1676.

Nigon (le sr de), lieutenant des troupes de la colonie, est blessé à la défense du fort Carillon au Canada, à l'affaire du 8 juillet 1758.

Nigré (le s^r), lieutenant dans le régiment suisse d'Eptingen, est blessé à l'affaire du 24 juin, près de Cassel, 1762.

Nichell (Jacques), chevalier de Saint-Louis, lieutenant-colonel du régiment de Dillon, blessé aux batailles de Fontenoy et de Laufeldt en 1745 et 1747, mourut à Aire le 27 septembre 1763.

Nirvorin, capitaine de la brigade de la Sarre, blessé à la bataille de Staffarde le 8 août 1690.

Nisas (le s^r de), chevalier de Saint-Louis, capitaine de grenadiers au régiment de Navarre, blessé au siége de Prague en 1742. (V. Carrion de Nisas, que cette citation paroît concerner.)

Nisias (le s^r), lieutenant au régiment de Champagne, tué au siége de la Rochelle en 1573.

Nizeau, capitaine au régiment de Périgord, tué à la bataille de Staffarde le 18 août 1690.

No (le s^r du), lieutenant au régiment de Picardie, tué à la bataille de Parme en 1734.

Noaille (de la), capitaine au régiment d'Anjou, blessé au siége de Mayence en septembre 1689.

Noailles (N.... de), dit le *Borgne de Noailles*, tué à la bataille d'Azincourt en 1415.

Noailles (Regnault de), capitaine commandant, tué contre la foi des traités par les Génois, lors de la capitulation par les François du château de Gênes en 1506.

Noailles (Antoine de), seigneur de Noailles, baron de Chambres de Montelar, de Carbonnières, de Malemort et de Brives, chevalier de l'ordre du Roy, gentilhomme ordinaire de ses chambres, capitaine de cent hommes d'armes de ses ordonnances, chambellan et gouverneur des enfants de France, ambassadeur en Angleterre, lieutenant général au gouvernement et amiral des mers de Guyenne, gouverneur et maire de Bordeaux et capitaine du château du Ha, fut grièvement blessé au siége de Namur. Il mourut le 11 mars 1562 (1563).

NOAILLES (Charles baron de), mort des blessures qu'il reçut au siége de Mastrick en 1632. Le *Mercure de France* de 1627 cite un *baron de Noailles* comme ayant été tué en 1626 à la descente des Anglois dans l'isle de Rhé, il y est dit aussy qu'il étoit officier de cavallerie.

NOAILLES (Comte du régiment de), tué au siége de la Mothe en 1634.

NOAILLES (Henry de), comte d'Ayen, tué à la bataille de Rocroy le 19 mai 1643.

NOAILLES (Emmanuel-Jules, dit le *comte* de), colonel du régiment de Noailles et lieutenant pour le roi du gouvernement de Guyenne, mourut à Strasbourg le 20 octobre 1702 des blessures qu'il reçut à la tête sur les bords du Rhin.

NOAILLES (Louis, duc de) et d'Ayen, pair et maréchal de France, marquis de Maintenon, comte de Nogent-le-Roy, chevalier des ordres du Roy, capitaine des gardes du corps, gouverneur du Roussillon et des villes de Perpignan et de Saint-Germain-en-Laye, fut blessé à la tête à la bataille d'Ettingen en 1743, où il eut deux chevaux tués sous luy, et fut foulé aux pieds de la cavalerie qui passa sur luy.

NOAILLES (Philippe, comte de), son frère, vicomte de Lautrec, baron d'Ambres, maréchal de France, grand d'Espagne, chevalier des ordres du Roy et de Toison d'Or, chevalier grand croix de l'ordre de Malte, commandant en Guyenne, gouverneur de Versailles et de Marly, cy-devant ambassadeur extraordinaire près S. M. Sarde, eut deux chevaux tués sous luy et fut blessé aussy à la bataille d'Ettingen, 1743.

Noble (le sᵣ le), lieutenant au régiment d'Eu, tué à la bataille d'Hostembeck en 1757.

Noblesse (le sᵣ de), brigadier d'ingénieurs, a une jambe emportée au siége de Brissac, août 1703.

Noblet (Bernard de), marquis de Noblet-d'Anglure, comte de la Clayte, capitaine au régiment de Montgommery cavalerie et lieutenant des maréchaux de France au bailliage de Mâcon, fut blessé à la bataille de Staffarde en 1690, où il eut un cheval tué sous luy, ainsi qu'à celle de la Marsaille en 1693.

Noblet (N..... de), chevalier de Malte dit le *commandeur de Chennelette*, capitaine au régiment de Piémont, blessé aux batailles d'Oudenarde et de Malplaquet en 1708 et 1709, le fut encore au siége de Doüay en 1710.

Noblet (Charles-Étienne de), baron de Tiémont, chevalier de Saint-Louis, capitaine au même régiment et gentilhomme ordinaire du Roy, fut grièvement blessé à la bataille de Rosback en 1757 de deux coups de fusil qui le renversèrent sur le champ de bataille.

Noblet (Claude-Bernard de), son frère, dit le *chevalier de la Clayte*, capitaine au régiment de Nice, tué au siége de Mahon en 1756.

Noé (Louis, dit le *comte* de), chevalier de Saint-Louis, enseigne des gendarmes d'Aquitaine, puis colonel du régiment Royal Comtois cavalerie et maréchal de camp, blessé d'un coup de feu au bras à la bataille de Minden en 1759.

Noé (le chevalier de), enseigne des gendarmes d'Aquitaine, est blessé et fait prisonnier à la bataille de Todenhausen, août 1779.

Noel (Jean de), seigneur de Saint-Denis, commissaire général des Suisses et conseiller d'État, fut blessé au bras le 20 août 1640 à la tranchée devant Arras dans une sortie des assiégés.

Noel (le sieur de), lieutenant-colonel et commandant le régiment d'Hocquincourt, reçoit deux blessures à la tranchée devant Valence, août 1656.

Noel (le sieur de), lieutenant au régiment Mestre de camp-général cavalerie, est blessé à la bataille de Todenhausen (Minden), août 1759.

Noel (Claude), obtint en 1762 une pension de 1200 francs pour une blessure qu'il avait reçue à l'affaire d'Uslar.

Noel (le sr de), lieutenant au régiment de Feuquières, blessé au combat de Seneff en 1674.

Noffon (le sr de), capitaine de grenadiers au régiment de Piémont (frère du comte de Sarrau (blessé à la prise d'Yvrée en 1704, fut tué au siége de Turin en 1706

Noffou (le sr de), lieutenant au même régiment, blessé au siége de Prague en 1742.

Noeville (Toppinet de la), tué à la bataille d'Azincourt en 1415.

Nogarède (le sr de), lieutenant au régiment d'Aumont, tué à la bataille de Todenhausen (Miden) en 1759.

Nogarède (François de la), seigneur de la Garde de Flandre, de Flandonnenques, et capitaine au régiment d'Anduze, puis commandant une compagnie de cent volontaires incorporée dans le régiment de Languedoc, fut dangereusement blessé de trois coups de mousquet au siége de Saluces sous Louis XIII.

Nogaret (Jean de), tué en 1545 durant les guerres de Piémont dans un combat contre les Impériaux.

Nogaret (Pierre de), son frère, tué au siége de Bologne en Italie en la même année.

Nogaret (Bernard de), seigneur de la Valette, amiral de France, chevalier des ordres du roy, l'un de ses chambellans, gentilhomme ordinaire de sa chambre, capitaine de cent hommes d'armes de ses ordonnances, conseiller en son conseil privé, gouverneur du marquisat de Saluces, de Provence, de Lyon et de Dauphiné, mourut le 11 février 1592 d'un coup de mousquet qu'il reçut en assiégeant Roquebrune.

Nogaret (Jean-Louis de), duc d'Épernon, pair et amiral de France, marquis de la Valette, chevalier des ordres du roy, conseiller en son conseil privé, l'un de ses chambellans, premier gentilhomme de sa chambre, colonel-général de l'infanterie françoise, gouverneur de Provence, d'Angoumois, de Saintonge, de Guyenne, de Metz et du pays messin, blessé une première fois au siége de la Fère, en 1580, puis à la mâchoire au siége de Pierrefonds au mois de mars 1591, le fut encore dangereusement à la cuisse et au côté devant la ville d'Aix, qu'il bloquoit en 1593, par les éclats des chaises et de la table qui étoient dans sa tente où on lui tira deux coups de canon. Il mourut à Loches le 13 janvier 1642.

NOGARET (Jean-Louis de), dit le *chevalier de la Valette*, son fils naturel, capitaine aux gardes françoises, lieutenant-général des armées du roy et gouverneur de Bergerac, mort en 1650 d'une blessure. qu'il reçut durant les troubles de Guyenne en défendant l'isle Saint-Georges dans la Garonne.

NOGARET (Louis-Félix de), fils du précédent, marquis de la Valette, comte de Beaumont, chevalier de Saint-Louis, lieutenant-général des armées du roy, blessé d'un coup de canon au siége de Luxembourg en 1684, et d'un coup de mousquet à la joue à la bataille de Nerwinde en 1693, mourut à Courtray le 9 février 1695. Ce doit être lui, sous le nom de *Nogaret*, dont parle madame de Sévigné comme ayant été dangereusement blessé en Flandre en 1689.

NOGARET, capitaine au régiment d'Artois blessé à la bataille de Staffarde le 18 août 1690.

NOGARET (le s^r de), capitaine au régiment de Picardie, tué à la bataille de Parme en 1734.

NOGAS (le s^r), sergent-major au régiment de Normandie, tué au siége du château de Moyen, en Lorraine, septembre 1635.

NOGENT (le s^r de), officier au service du roy, fut tué en 1553 au siége de Bapaume (de Thou).

NOGENT (Voy. BAUTRU).

NOGUÉS-D'ASSAT (Jean-François de), chevalier de Saint-Louis, lieutenant-colonel du régiment de Navarre et maréchal de camp en 1580, blessé à la bataille d'Ettingem en 1743, dans l'armée du Rhin en 1765, et à la bataille de Raucoux en 1746, eut encore un doigt cassé d'un coup de feu à la défense de Cassel en 1761.

Nogués de la Garde (Charles-Auguste de), chevalier de Saint-Louis, sous-brigadier de la première compagnie des mousquetaires et capitaine de cavalerie, fut blessé d'un coup de fusil dans un détachement en 1744 lorsque les ennemis repassèrent le Rhin.

Noir (Pierre), gentilhomme dauphinois, tué à la bataille de Verneuil, le 6 août 1424.

Noir (Thomas), seigneur des Vaux, capitaine et aide-major au régiment de Tessé et gentilhomme ordinaire du prince de Condé, grièvement blessé près de Tournay, le fut encore dans un détachement.

Noir des Vaux (Thomas-Jacques le), son fils, seigneur de l'Anchal, capitaine au régiment de la Fère, blessé d'un coup de fusil à travers la cuisse à la bataille de Casano en 1705, le fut encore considérablement à l'affaire de Vinendole en 1708.

Noircame (le sr), capitaiue au régiment du roi, est blessé d'un coup de canon à la cheville du pied à la bataille de Todenhausen, août 1759.

Noiret ou Nourel (le sr du), capitaine au régiment de Mailly, blessé à la bataille de Rosback en 1757.

Noireterre (Jean de), chevalier, tué à la bataille de Poitiers en 1356.

Noissac (le sr de), lieutenant au régiment de Lusignan, blessé à la bataille de Rosback en 1757.

Nolande, sous-lieutenant au régiment de Robec, blessé à la bataille de Staffarde, le 8 août 1690.

Nolet (le sr de), capitaine de grenadiers au régiment de Piémont, tué au siége du Quênoy en 1712.

Nolivos (Pierre-Gédéon, dit le *comte* de), chevalier commandeur de l'ordre royal et militaire de Saint-Louis, lieutenant-général des armées du roy et gouverneur de la Guadeloupe ; ce doit être lui qui, étant capitaine au régiment de Bricqueville, fut blessé à la bataille de Rosbach en 1757.

Nolivos (le s^r de), capitaine dans le régiment de Bricqueville, infanterie, est blessé au combat de Rhinberg, octobre 1760.

Nolivos (le s^r de), officier de vaisseau du roy, tué sur le *Neptune* dans le combat du marquis de l'Etenduere contre les Anglois, le 27 octobre 1767.

<small>Famille du Béarn, dont il reste des représentants : de sable à trois os de mort d'argent mis en fasce l'un sur l'autre.</small>

Nompere (Nicolas de), seigneur de Rongefer et de la Duchette, capitaine au régiment d'Alincourt, servit en Italie sous le comte d'Harcourt, qui lui permit, le 18 may 1640, de repasser en France pour se faire traiter de plusieurs blessures qu'il avoit reçues.

Nonant (Félix comte de), lieutenant-général, est blessé à Sénef en combattant avec beaucoup de valeur à la tête de son régiment : l'est encore à Namur près du roi.

Nonant (le chevalier des Fontaines-Nonant), pareillement blessé au combat de Sénef, août 1674.

Nonant (le s^r de), enseigne au régiment des gardes françoises, est blessé à la bataille de Cassel, avril 1677.

Nonant (le marquis de) est blessé le 13 juin 1692, d'un coup de mousquet à la tête à cinquante pas du roi devant Namur.

Nocé (le sᴿ de), ayde-major et capitaine de carabiniers, blessé d'un coup de feu au pied à la bataille de Minden en 1759.

Normand de Victot (le sᴿ le), lieutenant de vaisséau, blessé au combat du comte d'Estaing contre l'amiral Byron près de la Grenade, le 6 juillet 1779.

Normant (Jean le), seigneur du Mesnil, fut blessé à la bataille de Saint-Denis en 1567, au combat de Dormans en 1575, à la bataille de Coutras en 1587 et fut tué au combat d'Aumale en 1592.

Normant (Antoine le), seigneur de la Forêt, l'un des 200 chevau-légers de la garde du roy, fut tué au combat de la porte Saint-Antoine en 1652.

Normant (Henri le), tué au siége d'Ivoy en 1542. (*Histoire du Berri*, par la Thaumassiere, 1689.)

Nort (le sᴿ de), lieutenant au régiment de Piémont, blessé au siége de Prague en 1642.

Nort (le sᴿ de), faisant les fonctions d'aide de camp, au siége d'Orbitello, y est blessé en juin 1646.

Nort (le sᴿ de), lieutenant aux grenadiers de France, blessé à la tête à la bataille de Minden en 1759.

Nos (le chevalier de), chef d'escadre parti du port de Brest, mort à la Martinique le 6 octobre 1701.

Nos de la Hautiere (le sᴿ des), lieutenant de vaisseau, blessé au combat d'Ouessant en 1778.

Noscé (le sᴿ de), capitaine au régiment de la Ferté, est blessé au siége de Luxembourg, juin 1684.

Nossay (le chevalier de), garde de la marine, mort des

blessures qu'il reçut au combat du 4 janvier 1781, de la frégate *la Minerve* contre deux vaisseaux anglois de 74 canons.

Nosto (le comte Alleman de), tué à la bataille de Poitiers en 1356. (Ne seroit-ce pas le même que le comte de Nydo dont le nom auroit été altéré?)

Nostravre (le seigneur de), tué à la bataille de Jarnac en 1569.

Noüaille (le s^r de), cornette au régiment de la Ferronnais, fut blessé dans l'armée de Broglie en 1761.

Noüe (le s^r de), chevalier de Saint-Louis, commandant de bataillon au régiment de Navarre, blessé à la sortie de Prague en 1742.

Noüe (François de la), seigneur de la Noüe, chevalier de l'ordre du roy, gentilhomme ordinaire de sa chambre, conseiller en son conseil privé, capitaine de 50 hommes d'armes de ses ordonnances, maréchal de ses camps et armées, fut blessé en 1590 d'une mousquetade à la cuisse à l'attaque du faubourg Saint-Martin, et étant allé mettre le siége devant Lamballe en 1591, une balle luy effleura le front et luy fit détourner la tête; ce mouvement subit le fit chanceler, et comme il n'étoit accroché à l'échelle que par son bras de fer attaché à son épaule, il fit une si cruelle chute qu'il se cassa la tête, il mourut 15 jours après, fort regretté du roy et de toute la nation qui le regardoit comme l'un des grands capitaines de son siècle. Henri IV lui avoit fait délivrer un brevet d'expectative pour le premier état de maréchal de France qui viendroit à vaquer.

On l'appela *La Noüe bras-de-fer*, depuis la blessure qu'il reçut au siége de Fontenoy, d'où résulta l'amputation d'un bras au lieu duquel il s'en fit remettre un de fer.

Noüe (le chevalier de), capitaine aide-major au régiment de Marcieu cavalerie, tué à la bataille de Minden en 1759.

Noüe (Stanislas-Louis de la), son frère, dit le *comte de Vair*, chevalier de Saint-Louis, lieutenant-colonel d'infanterie et commandant les volontaires de l'armée de Broglie, tué en Westphalie le 25 juillet 1760.

Noues (René-Thomas des), seigneur de Beaumont, chevalier de Saint-Louis et lieutenant de vaisseau, eut la mâchoire fracassée dans une action, le visage brûlé dans une autre, et les mains dévorées par le feu dans une troisième sous Louis XIV.

Nouille (Pierre de), dit *Coyer*, chevalier, fut blessé à la bataille de la Massoure en 1249 *et ainsi dit Joinville, que j'estois là sur mon roucin... entre mon cousin le comte de Soissons à main destre et messire de Nouille à la sénestre, vez cy venir ung Turc qui venoit de devers l'armée du roy, et vint par derrière frapper messire Pierre de Nouille d'une grosse masse pesante ung grand coup tellement qu'il se coucha sur le coul de son cheval.* — V. devant l'article de Jean de Neelle, comte de Soissons.

Nourcy de Mordalle (Jean-Baptiste), chevalier de Saint-Louis, lieutenant avec rang de capitaine au régiment de Mestre de camp général cavalerie, blessé à la bataille de Rosbach en 1757, obtint sa retraite en 1770.

Nouveau (le s^r de), capitaine au régiment de Saint-Chamond, blessé à la bataille de Rosbach en 1757.

Nouvion (Antoine de), chevalier de Saint-Louis, premier lieutenant avec rang de capitaine au régiment du Roy infanterie, reçut une blessure au service qu'il quitta en 1782.

Nouy (le s\ʳ), lieutenant au régiment d'Auvergne, blessé à la bataille de Clostercamps en 1760.

Nouy (le s\ʳ de), lieutenant dans le régiment d'Auvergne infanterie, est blessé au combat de Rhinberg, octobre 1760.

Nouziers (le s\ʳ de), capitaine postiche aux grenadiers du régiment de Béarn, tué au siége de Philisbourg en 1734.

Novillard (le s\ʳ de), officier au régiment des gardes françoises, est tué le 21 février 1760 à la bataille de Karickfergus en Irlande par le capitaine Thurot, mars 1760.

Novy (de), lieutenant au régiment de Bretagne, tué au siége de Mayence en septembre 1689.

Nowaux (le s\ʳ), lieutenant au régiment suisse de Diesbach, blessé à la bataille de Rosbach en 1757.

Noyan, capitaine au régiment de Grancey, blessé à la bataille de Staffarde, le 18 août 1690.

Noyan (de), lieutenant de vaisseau du port de Rochefort, mort commandant l'*Aigle*, le 15 octobre 1706.

Noyan (le s\ʳ de), capitaine au régiment de Bourbonnois, fut dangereusement blessé au siége de Fribourg en 1713.

Noyelle (Jean de), tué à la bataille d'Azincourt, en 1415.

Noyelle (Pierre de), tué à la même bataille.

Noyelle (Lancelot de), tué à la même bataille.

Noyelle (le s\ʳ de), tué à la même bataille.

Noyelle (le s\ʳ de), capitaine au régiment de Piémont, tué au siége de Douay en 1710.

NOYELLE (le s^r de), lieutenant de grenadiers dans le régiment de Bourbonnois, est tué le 25 octobre au siége du fort de Kell, octobre 1733.

NOYER (Christophe), d'Underwalden, capitaine suisse au service du roy, blessé à la bataille de Dreux en 1562.

NOYERS (le s^r des), capitaine au régiment de Picardie, tué en 1743 à l'affaire de Dingelfingen.

> Famille de Champagne qu'il ne faut pas confondre avec la grande maison de Bourgogne, les de Noyers, qui fournit un maréchal de France ou porte-oriflamme et d'autres notables personnages.

NOYETTES (des). — Voy. DESNOYETTES.

NUCÉ (le s^r de), lieutenant au régiment de Courten suisse, blessé à la bataille de Fontenoy en 1745.

NUCHELLE (le baron de), tué au siége de Privas en 1629, où il donna des preuves d'un grand courage (*Mercure de France* de 1629). — V. de NEUFCHELLE et le CIRIER DE NEUCHELLE.

NUGENT (Jean), chevalier de Saint-Louis, capitaine au régiment de Fitz-James cavalerie, blessé à la bataille de Rosback en 1757.

NUISENAUT (le s^r de), capitaine au régiment de Manicamp, est tué le 10 août 1737 dans une action très-vive, entre le duc de Weimar et Jean de Werth, sur les bords du Rhin et de la rivière d'Eltz, août 1737.

NULLY (Louis de), chevalier, tué à la bataille de Poitiers en 1356.

NULLY (Jean de), chevalier, tué à la même bataille.

NUMSEN (le baron de), adjudant du roy de Danemarck,

blessé en 1761 dans l'armée de Soubise où il servoit comme volontaire.

Nuren (le sʳ de), officier au régiment de Champagne, blessé à la levée du siége de Lérida, en 1646.

Nuzeret de la Fragnosse (Jacques), chevalier de Saint-Louis, lieutenant au régiment d'Artois cavalerie, reçut une blessure au service sous Louis XV.

Nydo (le comte de), Allemand, tué à la bataille de Poitiers en 1356 (peut être le même que le comte de Nosto cité cy-devant, dont le nom pourroît avoir été défiguré.

O

O (Robert d'), chevalier, seigneur d'O, capitaine de la ville et du château d'Exmes, tué à la funeste bataille d'Azincourt en 1415.

O (Jacques d'), seigneur de Baillet et de Franconville, enseigne des cent gentilshommes de la maison du roy, tué à la bataille de Pavie en 1515.

O (le seigneur d'), tué au siége de Naples en 1528.

O (François d'), seigneur de Frênes et de Maillebois, chevalier des ordres du roy, l'un de ses chambellans, premier gentilhomme de sa chambre, maître de sa garderobe, conseiller en son conseil privé, surintendant de ses finances, capitaine de cent hommes d'armes de ses ordonnances, lieutenant général au gouvernement de Normandie, gouverneur de Paris et de l'île de France et des villes et châteaux de Caen et de Coutances, sénéchal héréditaire du comté d'Eu, blessé à la bataille d'Ivry en 1590, mourut au mois d'octobre 1594.

O (N... d'), lieutenant aux gardes françoises, tué au siége de Candie en 1669.

O (le marquis de Villiers d'), capitaine de vaisseau, a le bras emporté d'un boulet de canon au combat naval, entre les Hollandois à Tabaco, avril 1677.

O (le chevalier d'), enseigne de vaisseau du port de Rochefort, mort sur le *Juste* le 30 octobre 1745.

OBBÉ (le s^r de l'), cornette au régiment de Marcieu cavalerie, est blessé à la bataille de Tödenhausen, août 1759.

3

OBERLY (le s^r), sous-lieutenant au régiment de Diesbach suisse, blessé à la bataille de Laufeldt en 1747.

OBERT (François), seigneur de Petigny, tué à la tête d'une compagnie qu'il commandoit, eut trois frères qui eurent le même sort pendant les guerres de la Ligue.

OBERT (Jean), seigneur de Capiémont, capitaine d'une compagnie de chevau-légers, tué à la journée de Casal en 1629.

OBERT (Sébastien-Marie), tué au siége de Barcelone en 1714.

O'BRIEN (N...), enseigne des gendarmes anglois, reçut plusieurs blessures à la bataille de Cassel en 1677.

O'BRIEN (Charles), vicomte de Clare, dit milord Clare, pair d'Irlande, colonel d'un régiment d'infanterie, chevalier de Saint-Louis et maréchal de camp, mourut en 1706 quelques jours après la bataille de Ramillies des blessures qu'il y reçut.

O'BRIEN (le s^r), officier irlandois, est blessé au siége de Philisbourg, juin 1734.

O'BRIEN (Thimothée), chevalier de Saint-Louis, major du régiment de Walsh, blessé le 24 août 1762 à la journée de Grebenstein, étant alors lieutenant dans celui de Fitz-James cavalerie.

O'CHALLAGEN (le s^r), capitaine au régiment de Fitz-James cavalerie, blessé à la bataille de Rosbach en 1757.

O'CONNOR (Thomas), chevalier de Saint-Louis, lieutenant-colonel, puis colonel en second du régiment de Dillau et maréchal de camp en 1780, fut blessé à la bataille de Laufeldt en 1747.

ODARD (Hugues), chevalier, tué à la bataille de Poitiers en 1356.

ODELIEU (le s^r), lieutenant au régiment de Reding suisse, blessé et fait prisonnier à la bataille de Rosback en 1757.

ODONOGHUE (Jean-Joseph d'), marquis de la Ronce, chevalier de Saint-Louis, colonel d'infanterie, grièvement blessé au siége de Tournay en 1765, le fut encore en 1766 en Ecosse, et plus tard, en la même année, à la bataille de Falkerque.

O'DOYER (Philippes), ayde, major au régiment de Berwick, tué à la bataille d'Almanza en 1707.

O'DOYER (Jérôme), chevalier de Saint-Louis, capitaine commandant au même régiment, obtint en 1789 une pension de retraite de 1500 fr. en considération de ses blessures et de l'ancienneté et distinction de ses services.

OFFAWEL (Richard), chevalier de Saint-Louis, capitaine au régiment de Fitz-James cavalerie, blessé à la bataille de Rosbach en 1757, obtint en 1762 une pension de 1200 fr.

OFFÉMONT (Louis d'), seigneur d'Offémont, fut grièvement blessé au visage en 1421 en voulant entrer dans Meaux.

OFFIGNIES (Jean), dit *de Boulainvilliers*, chevalier, seigneur de Boulainvilliers, d'Offignies et de Lepoix, vicomte d'Aumale, conseiller, chambellan ordinaire du roy, tué à la bataille de Nicopolis en 1396. — (V. de BOULAINVILLIERS.)

OFFRIEL (le s^r), lieutenant au régiment de Dillon, blessé au siége de Savannah en 1779.

O' FLANNAGAN (Jacques-Pierre), chevalier de Saint-Louis, lieutenant-colonel du régiment de Dillon, major et lieutenant de roy à Oudenarde, blessé à la bataille de Fontenoy en 1745.

OGER ou OGIER (le capitaine), tué au siége de Saint-Quentin en 1557.

OGIER, sᵣ de Cavoys, capitaine de la compagnie des cent mousquetaires de Richelieu, meurt le 17 septembre 1641 de la blessure qu'il avoit reçue le 11 au siége de Bapaume.

OGER DE CAVOYE (N......), enseigne aux gardes françoises et grand prévôt de Guyenne, tué à la bataille de Lens en 1648, âgé de 20 ans.

OGER DE CAVOYE (N......), lieutenant au même régiment, blessé mortellement au siége d'Arras le 25 août 1654.

OGER DE CAVOYE (N.....), lieutenant au même régiment, tué au siége de Lille en 1667.

OGIER (sᵣ d'Enouville), mestre de camp des dragons de la Reine, est blessé au combat de Rhemsfeld, juin 1678.

OGER DE CAVOYE (Gilbert), dit le *marquis de Cavoye* et appelé le *brave Cavoye*, chevalier de Saint-Louis, grand maréchal des logis de la maison du roy et maréchal de camp en 1691, reçut à la bataille de Luzara en 1702 une blessure dont il mourut en 1716, âgé de 76 ans.

Les Mémoires de Pelisson le nomment *Louis*.

OGIER (le sᵣ), sous-lieutenant de vaisseau et sous-aydemajor de la Marine à Brest, fut blessé à la tête dans le combat du comte de Guichen contre l'amiral de Rodney, près de la Martinique en 1780.

OGNIES (d'). — Voy. d'ONGNIES.

OILLIE (le s^r), officier auxiliaire, reçut une blessure mortelle dans le combat de la frégate *l'Amazone* contre une frégate angloise en Amérique le 28 juillet 1782.

OILLY (le seigneur d'), guidon de la compagnie des gendarmes de M. de la Meilleraye, fut blessé au siége de Domfront en 1574 (de Thou).

OISSEAU (le s^r d'), lieutenant de vaisseau, blessé à mort sur le *Neptune* dans le combat de M. de l'Etenduere contre les Anglois le 27 octobre 1747.

O' KEEFFE (N.....), capitaine au régiment de Clarc, tué à la bataille de Ramillies en 1706.

O' KEEFFE (N.....), son frère, lieutenant au même régiment, fut estropié d'un coup de feu à la même bataille.

OLDEMBERG (le baron d'), lieutenant au régiment d'Alsace, tué à la bataille de Clostercamps en 1760.

OLDENEL (le s^r), lieutenant au même régiment d'Alsace, blessé à la même bataille de Clostercamps.

OLERON (Jacob d'), capitaine de vaisseau, a un bras emporté au combat du 21 août 1673, près de Gorée.

OLIAS (le s^r d'), capitaine au régiment d'Auvergne, infanterie, blessé au combat de Rhinberg, octobre 1760.

OLIVE (le s^r d'), lieutenant-colonel du régiment de Languedoc, est dangereusement blessé au bras dans une sortie faite le 22 mai 1702 contre les Impériaux qui assiégeoient Kaiserswert.

OLIVET (le s^r d'), mousquetaire de la garde du roy, blessé au siége de Maestricht en 1673.

OLIVIER (le s^r), lieutenant au régiment de Languedoc, est blessé au siége de Luxembourg, juin 1684.

OLIVIER DE QUERGARIO (l'), mareschal des logis, enseigne de vaisseau du port de Brest, mort sur le *Bourbon*, le 12 avril 1731.

OLLERY (le s^r), lieutenant dans les volontaires étrangers, blessé dans le combat du capitaine Thurot dans les mers d'Irlande près de l'île de Man, le 18 février 1760.

OLLIER (le s^r), capitaine de carabiniers, blessé au bras et fait prisonnier à la bataille de Minden ou Todenhausen en 1759.

OLLIÈRES (le chevalier d'), lieutenant-colonel du régiment Colonel-Général de la cavalerie, est blessé à la bataille de Fontenoy, mai 1745.

OLONNE (Maximilien, *comte* d'), chevalier de Saint-Louis, capitaine au régiment de Schomberg dragons, puis colonel-commandant en second la légion royale et maréchal de camp en 1780, fut blessé à l'affaire du 11 août 1760.

OLYMANT DE RERNÉGUÉZ (Louis), dit le *chevalier de Kernéguéz*, lieutenant au régiment du Plessis-Bellièvre, fut tué en 1690 au camp de Brillant en Piémont après avoir chassé les ennemis qui avoient tenté d'enlever la grand'garde.

OLYMANT DE KERNÉGUÉZ (René-François), seigneur de Launay, capitaine de milice dans le régiment du Fao, blessé en 1694 au bombardement de Dieppe, mourut le 3 septembre 1705.

OLYMANT DE KERNÉGUÉZ (Charles), officier dans le régiment d'Angoumois, tué au siége d'Yvrée en 1704.

OMBRAYES (des). — Voy. DESOMBRAYES.

OMBERT (le baron d'), lieutenant de vaisseau, fut blessé dangereusement au côté droit étant garde de la marine, dans le combat du comte de Guichen près de la Martinique contre l'amiral Rodney en 1780.

ONDAZ (François-Joseph Fabien), capitaine au régiment de Clarc, tué à la bataille de Guastalla en 1734.

ONDRA (le s^r) est tué au siége de Candie, mars 1669.

ONEIL ou ONIEL (le s^r), lieutenant au régiment de Pié-mont, reçut une blessure dangereuse au siége de Turin en 1706, et fut tué à la bataille d'Oudenarde en 1708.

ONEILLE (le s^r), lieutenant-colonel du régiment de Clarc, est tué à la bataille de Fontenoy, mai 1745.

ONEILL (Richard), chevalier de Saint-Louis, capitaine commandant avec rang de major au régiment de Dillon, blessé au siége de Savannah en 1775.

ONGNIES (Estourdy d'), chevalier, tué à la bataille d'Azincourt en 1415.

> D'après les Chroniques d'Enguerrand de Monstrelet, imprimées à Paris en 1603, qui le nomme *M. Esdourdy d'Ongines et son père Bertrand*, ces noms sont altérés; ce qui est certain, c'est que le nom de la famille est d'*Ongnies* : quant au nom d'*Estourdy*, l'on ne sait quelle signification lui donner.

ONGNIES (Bertrand d'), son père, tué à la même bataille.

> Le Nobiliaire de Picardie (Paris, 1693, p. 397) le nomme *Tristan*.

ONGNIES (François d'), comte de Chaumes, capitaine de 50 hommes d'armes des ordonnances du roy et gentil-homme ordinaire de la chambre, fut tué à la bataille de Saint-Denis en 1567.

ONIEL. — Voy. ONEIL.

OPPE (le s^r de la), brigadier des gardes du corps, tué au combat de Leuze en 1691.

ORADOUX (le s^r d'), lieutenant dans l'artillerie, est blessé le 5 août 1637 au siége du château d'Emerie-sur-Sambre, et à la reprise de Numjnguen, août 1639.

ORAISON (César d'), marquis de Livarot, sous-lieutenant des gendarmes bourguignons, tué à la bataille de Fleurus, en 1690.

ORANGE (le s^r d'), ancien habitant de la Martinique, homme plein de courage et d'intrépidité, rend de grands services pour la défense de la Martinique quoiqu'il ne puisse se servir du mousquet, en raison de ses anciennes blessures : il y est tué d'un coup de mousquet au travers du corps, décembre 1674.

ORB (Jean-Guillaume, baron d'), chevalier de Saint-Louis, ancien capitaine, puis mestre de camp, lieutenant au régiment royal Nassau et brigadier des armées du roy, blessé à la bataille de Tundershausen, mourut en 1781.

ORB (N... d'), lieutenant de grenadiers au régiment royal Deux-Ponts, tué à la même bataille.

ORB (N... d'), son frère, officier dans la légion depuis Conflans, fût estropié au service.

ORB (Philippe-David, dit le chevalier d'), chevalier de Saint-Louis, ancien lieutenant au régiment de Bercheny hussards, ensuite capitaine d'infanterie et aide-major dans la légion dite de Conflans, enfin capitaine de hussards et capitaine et major du régiment Royal-Nassau, blessé en 1744 à l'affaire de Suffelheim, le fut encore en poursuivant les ennemis après la bataille de Laufeldt en 1747, eut un cheval tué sous luy à coups de bayonnette à Osterade, au mois d'avril 1761 et fut encore blessé à l'affaire de Lauback au mois de septembre 1762.

ORBEC (le marquis d'), commandant le régiment du comte Charles de Schomberg, est blessé en trois endroits au siége de Puicerda, juin 1675.

ORBIGNY (le sr d'), capitaine au régiment de Picardie, blessé au siége d'Orsay en Hollande, juin 1672.

ORCET (d'). — Voy. DORCET.

OREIN DE MIRAVAL (Félix d'), chevalier de Saint-Louis, capitaine au régiment d'Enghien infanterie, tué en 1744 à l'attaque du village des Picards près de Weissembourg.

ORDELIN (le sr d'), lieutenant de vaisseau, fut blessé sur le *Sévère* dans le combat du bailly de Suffren aux Indes, puis de Negapatnam contre sir Edward Hugues, le 6 juillet 1682.

ORDISSAN (d'). — Voy. DORDIFFAN.

OREAU (le sr d'), mousquetaire du roy de la 2e compagnie, blessé au siége d'Ipres en 1678.

ORENGE (le sr l'), lieutenant au régiment de Péronne, tué en 1644 au siége de Fribourg (*Mercure* de 1644).

ORFEUILLE (Pierre-François d'), seigneur de Foucaud, capitaine au régiment de Chamilly, fut blessé au siége de Nice, sous Louis XIV.

ORGEMONT (Pierre d'), seigneur de Chantilly, conseiller chambellan ordinaire du roy, maître des requêtes et échanson du duc de Bourgogne, lequel avoit été tué à la bataille d'Azincourt en 1415.

Orgemont (Mery d'), seigneur de Mery, chambellan et échanson du roy, mourut à la défaite de la ville de Boulogne le 7 janvier 1579.

Orgemont (François d'), baron de Mery, mort au siége de Chorges en Provence, en 1507.

Orgemont (le s^r), capitaine dans Piémont est blessé dans Maestricht, septembre 1676. Nous le retrouvons quelques jours après, montant l'un des premiers à la tranchée devant Valence en Italie.

Orges (le s^r d') est blessé d'une mousquetade qui lui perce l'œil et sort derrière la tête, à la prise du château de Montreuil-sur-Saône, février 1679.

Orgeal (le s^r d'), lieutenant au régiment de Navarre, est blessé au siége de Luxembourg, juin 1684.

Orglandes (Charles-Louis d'), capitaine au régiment de Mailly, mourut des blessures qu'il reçut à la bataille de Raucoux en 1746.

Orgey (Pierre d'), tué en 1436, servant sous le connétable de Richmont dans une action contre le damoiseau de Commercy, rebelle au roy.

Orignac (le s^r d'), aide de camp dans l'armée d'Allemagne, est blessé au siége de Tubingen, avril 1647.

Origny (Noël d'), tué au siége de Milan en 1513, servant dans la compagnie de Pierre de Rohan, maréchal de Gyé.

Origny (Jean d'), soutenant à Reims le parti du roy Henry IV, y fut assassiné par les rebelles.

ORIGNY (le comte d'), mestre de camp au régiment de Champagne, est blessé au siége de Tarragone, septembre 1644. Il se fait grand honneur à la bataille de Llorens, juillet 1645, et est tué à la levée du siége de Lérida, 1646.

ORIGNY (Jean d'), capitaine au régiment Royal, fut grièvement blessé au siége de Luxembourg en 1684.

ORIGNY (Nicolas-Pierre, dit le *chevalier* d'), chevalier de Saint-Louis, capitaine au régiment de Champagne, puis lieutenant-colonel commandant les chasseurs à pied de Turpin, depuis Chamborant, et enfin colonel par brevet, fut blessé le 16 mars 1761 dans le village de Netze d'un coup de fusil dans la poitrine qui le culbuta de son cheval au moment où il avoit forcé un bataillon de la légion britannique et un escadron qui bloquoient le château de Valdeck, de capituler; il mourut de sa blessure le 1er avril suivant, n'étant encore âgé que de vingt-cinq ans.

ORIGNY (Pierre-Adam d'), seigneur de Dompmartin, chevalier de Saint-Louis et capitaine de grenadiers au régiment de Champagne, grièvement blessé en 1744 à l'attaque des lignes de Wissembourg, le fut encore d'un coup de feu à la joue à la bataille d'Hastembeck en 1757 et mourut le 13 juin 1774. Il est auteur de plusieurs ouvrages sur l'histoire de l'ancienne Égypte.

ORIGNY (le sr d'), lieutenant de frégate auxiliaire, fut grièvement blessé sur l'*Annibal* dans le combat du bailly de Suffren aux Indes près de Negapatnam le 6 juillet 1782 contre sir Edward Hugues.

ORIVAL (le sr d'), enseigne de la mestre de camp de Poitou, est blessé à mort, le 10 mars 1652, au siége de Xaintes.

ORLÉANS (Jean d'), comte de Dunois, de Longueville, de

Mortaing, de Porcean, de Périgord et de Vertus, vicomte
de Saint-Sauveur, grand chambellan de France, capitaine
des villes et châteaux du Mont-Saint-Michel, de Montereau
et de Savonne, fut grièvement blessé au pied à la bataille des
Harengs en 1429; il mourut le 24 novembre 1468.

ORLÉANS (Jean d'), chevalier, se noya en passant un gué,
servant dans l'armée de saint Louis.

> Nous ne savons de lui que ce qu'en dit Joinville : « *Entre autres, cheut
> et se noya, messire Jehan d'Orléans le vaillant chevalier qui portoit ban-
> nière à l'armée* »

ORLÉANS (Claude d'), duc de Longueville, souverain de
Neufchâtel, comte de Tancarville et de Dunois, pair et
grand chambellan de France, capitaine de cent hommes
d'armes des ordonnances du roy et lieutenant-général de ses
armées en Italie en 1524, fut tué au siége de Pavie d'un
coup de mousquet à l'épaule, le 9 novembre de la même
année, n'étant âgé que de dix-sept ans.

ORLÉANS (Léonor d'), lieutenant-général de l'artillerie,
mort au siége de la Rochelle en 1628.

ORLÉANS (Charles-Paris d'), duc de Longueville et d'Estou-
teville, prince souverain de Neufchâtel et de Wallengin en
Suisse, comte de Saint-Paul, tué au passage du Rhin le
12 juin 1672, au moment où il alloit être élu roy en Pologne.

ORLÉANS (Charles-Louis d'), son fils naturel, dit le *chevalier de Longueville*, mourut d'un coup de mousquet en faisant combler la tranchée de Philisbourg au commencement du mois de novembre 1688, et il servoit alors comme
volontaire au régiment de Feuquières.

ORLÉANS (Léonor-Gabriel-Jean-Baptiste d'), dit le *chevalier de Rothelin*, enseigne de vaisseau, tué au combat de la
Manche au mois de juillet 1690.

ORLÉANS (Henry d'), marquis de Rothelin, premier capitaine, enseigne des gendarmes du roy, reçut douze blessures dont quatre luy causèrent la mort au combat de Leuze en 1691.

ORLÉANS (Alexandre d'), son fils, marquis de Rothelin, chevalier de Saint-Louis, officier supérieur de gendarmerie, puis maréchal de camp à la suite du régiment Dauphin-étranger, cavalerie, et lieutenant-général des armées du roy, eut une cuisse fracassée d'un coup de feu le 23 septembre 1710 dans une sortie au siége d'Aire, où il servoit comme volontaire, et l'on fut même forcé de luy en faire l'amputation.

ORLÉANS (Philippe *duc* d'), pair et petit-fils de France, régent du royaume, chevalier des ordres du roy et de la Toison d'or, lieutenant-général des armées de Sa Majesté, blessé à la bataille de Steinkerque en 1692, reçut encore deux autres blessures considérables à la levée du siége de Turin en 1706; il mourut le 2 décembre 1713.

ORLÉANS (Louis-Philippe duc d') et de Chartres, pair de France, chevalier des ordres du roy en 1760 et de celuy de la Toison d'or, lieutenant-général des armées de Sa Majesté et gouverneur du Dauphiné, eut un cheval tué sous luy à la bataille d'Ettingen en 1743; il mourut à Paris le 18 novembre 1785.

ORLÉANS (le chevalier d'), fils naturel du Régent, grand prieur de France, fut blessé dangereusement dans la guerre de 1744.

ORLICK DE LA CISKA (Pierre-Grégoire, *comte* d'), chevalier de Saint-Louis, chevalier commandeur de l'ordre de l'Épée, colonel-lieutenant du régiment de royal Pologne infanterie, puis lieutenant-général des armées du roy, fut blessé à la bataille de Berghen en 1759.

Orlodot (le sᵣ d'), appelé le cadet d'Orlodot, lieutenant de Nettancourt, est tué au siége de Tubingen, avril 1647.

Orme (le sᵣ de l'), mousquetaire du roy de la 2ᵉ compaguie, blessé au siége de Maestricht en 1673.

Ormesson (le chevalier d'), ayde-major des armées navales du port de Brest, mort sur le *Superbe* le 10 mars 1741.

Ormesson (le sᵣ d'), officier au régiment de Hainaut, blessé au siége du fort Saint-Philippe en 1756.

Ormoy (le sᵣ d'), lieutenant au régiment de Piémont, est blessé au siége de Luxembourg, juin 1684.

Ormoy (le sᵣ d'), capitaine au régiment de Piémont, blessé au siége de Luxembourg en 1684, périt glorieusement à la bataille de Nerwinde en 1693.

Ormoy (le chevallier d'), capitaine au régiment de Condé, blessé à la bataille de Minden en 1759.

Ornaison (sᵣ de Chamarande), capitaine et major du régiment de Conty, est blessé à mort à la défaite des Bavarois par le duc d'Enghien sous Fribourg, août 1640.

Ornaison (le sᵣ d'), écuyer du marquis d'Uxelles, est tué au siége de la ville de Roses, mai 1645.

Ornaison (sᵣ de Chamarande d'), écuyer du roi, dépêché par Sa Majesté le 17 août 1646, vers le duc d'Enghien, est blessé le 13 août devant Mardick.

Ornaison (Louis-Nicolas d'), marquis de Busancy, fils du

comte de Chamarande, colonel du régiment de la Reine, tué au siége de Turin, le 16 juillet 1706.

ORNAISON (le s^r d'), chevalier de Saint-Louis et commandant de bataillon au régiment de Picardie, tué à la bataille de Malplaquet en 1709.

ORNANO (Alphonse d'), dit *Corse*, maréchal de France, chevalier des ordres du roy, gentilhomme ordinaire de sa chambre, conseiller en son conseil privé, capitaine de cent hommes d'armes de ses ordonnances, colonel-général des Corses, lieutenant général au gouvernement de Guyenne et de Dauphiné, et commandant dans les diocèses de Nismes et d'Uzès, fut blessé devant Sommières en 1575; il mourut à Paris le 21 janvier 1610.

ORNANO (Sampietro d'), dit aussi *Corse* et encore appelé *Bastelica*, seigneur de Benone, colonel-général des Corses et gentilhomme ordinaire de la chambre du roy, reçut une blessure dangereuse à la cuisse au siége du château de Corte en 1554 et fut tué le 17 janvier 1567.

ORNAY (Henry), chevalier, tué à la bataille d'Azincourt en 1415.

ORNESAN (François d'), mourut au service sous le règne de Louis XII.

ORNESAN (Jacques-Claude d'), seigneur d'Auradi, gentilhomme ordinaire de la chambre du roy, capitaine de 50 hommes d'armes de ses ordonnances et gouverneur de Metz, y mourut en 1552 avant le siége, d'une arquebusade qu'il reçut au genou droit dans une sortie.

ORNESAN (Marc-Antoine d'), mourut sous Charles IX, d'une blessure qu'il reçut à la guerre en Dauphiné.

ORRI (le sʳ), lieutenant au régiment de Mailly, tué à l'affaire de l'Assiette en 1747.

ORRY DE MELLE (Hugues), chevalier, tué à la bataille de Poitiers en 1356.

ORSET (le sʳ d'), officier au régiment du prince Maurice, est blessé le 6 mars 1653 à la défaite de la brigade du marquis d'Aubeterre, dans le Périgord, par les troupes du roi.

ORSIGNY (le sʳ d'), lieutenant au régiment de Picardie, blessé au siége de Dolle, le 14 juin 1636.

ORSIGNY-VANTELET (le sʳ d'), écuyer du roi, se distingua extrêmement à l'affaire du 5 octobre 1646, près Lérida, est blessé à la levée du siége de cette place, décembre 1646. Il contribue à la défaite d'un corps de troupes lorraines près de Valenciennes, 5 août 1649, et sert avec distinction au siége de Condé.

ORT (le baron d'), est blessé à l'affaire du 23 juin 1640, près d'Arras.

ORTAIA (le sʳ), capitaine de cavalerie, est tué au siége de Chatté-sur-Moselle, septembre 1651.

ORTAN (le chevalier d'), capitaine des grenadiers au régiment d'Eu, est tué à la bataille de Hastembeck, le 26 juillet 1757.

ORTELAN (le sʳ d'), lieutenant au régiment du roi, est tué au siége de Maestricht, juin 1673.

ORTÈS (Pierre, dit le *chevalier* d'), chevalier de Saint-Louis et maréchal de camp en 1788. Ce doit être luy, qui étant capitaine ayde-major au régiment de Navarre, fut blessé d'un coup de feu au bras à la bataille de d'Hastembeck en 1757.

Orticum (le s^r d'), lieutenant de cavalerie, est tué le 7 août 1649 à la défaite de la garnison de Douay par le comte d'Harcourt.

Ortie (le s^r d'), capitaine aux gardes, est blessé au siége de Condé, août 1655; l'est encore devant Tournay, juin 1667.

Ortobie (le seigneur d'), fut blessé à la cuisse d'un coup de fauconneau, en pointant luy-même un canon au siége de Lectoure en 1562, et mourut deux jours après. « C'étoit, dit Monluc, *un vaillant capitaine et qui entendoit bien l'estat de l'artillerie.* » (V. d'Heurtebie.)

Orvilliers (d'), capitaine de frégate du port de Rochefort, mort revenant de Cayenne sur le *Paon,* M. Rossel, capitaine, le 12 décembre 1729.

Orvilliers (le s^r d'), chevalier de Saint-Louis et sous-brigadier de la 1re compagnie des mousquetaires, blessé à la bataille d'Ettingen en 1743.

Oryat d'Aspremont (Jean-Baptiste), dit le *chevalier d'Aspremont,* seigneur de Houdelaincourt, major du régiment de Languedoc-dragons, tué à la prise de Plano en Bohême, en 1742, à l'âge de 30 ans.

Oseres de Pardaillan (d'), capitaine de vaisseau du port de Toulon, tué commandant l'*Aquilon,* le 6 août 1741.

Osmone (François de l'), seigneur du Bois de la Pierre, chevalier de Saint-Louis, exempt des gardes du corps, tué à la bataille de Malplaquet en 1709.

Osmont (Jacques), tué à la bataille de Saint-Denis en 1507.

Osmont (René-Henry, marquis d'), chevalier de Saint-Louis, major du régiment du Roy, puis mestre de camp d'un régiment de dragons et brigadier des armées du roy en 1719, eut une cuisse coupée à trois doigts de l'aîne à la prise d'Heidelberg.

Osmont (N..... d'), lieutenant de grenadiers au régiment de Béarn, blessé à la bataille de Johansberg en 1762.

Ossignac (le s^r d'), capitaine au régiment de Navarre, blessé à la bataille de Fleurus en 1690.

Ossun (Hector d'), seigneur d'Ossun, blessé mortellement à la bataille de Jarnac en 1569.

Ossun (Pierre d'), seigneur et baron d'Ossun et de Miremont, fut blessé d'une arquebusade devant Vic-de-Bigorre, le 4 mai 1580.

Ossun (Gaspard d'), capitaine au régiment du Roy infanterie, tué à la bataille de Spire sous Louis XIV.

Ostrein (le s^r), lieutenant de la mestre-de-camp, reçoit six blessures à la bataille gagnée sur les Espagnols le 11 juillet 1640, devant Turin.

Ostrel (Gilles d'), reçu chevalier de Malte le 12 novembre 1629, tué dans ses caravannes sur mer à la prise de la *Grande-Sultane*.

Otelet (le capitaine Philippe), tué à la bataille de Navarre en 1513.

Othonville de Saint-Amant (le s^r), lieutenant des Suisses de Monsieur, fut tué à la fausse attaque de Vichy, commandée par S. A. R. en 1673.

Ouailly (le seigneur d'), capitaine des gardes de Gaston,

duc d'Orléans, fut blessé au combat de Castelnaudary en 1632.

OUARTY (d'). — (Voy. WARTY.)

OUCHE (le s^r d'), écuyer du grand maître de l'artillerie, est blessé le 18 juillet 1637 d'un coup de canon à la tranchée devant Landrecy.

OUDEBERT (le s^r), est blessé à mort au siége de Candie, mars 1669.

OUDET (le s^r), lieutenant au régiment de Boisgelin, mort des blessures qu'il reçut à la bataille de Johansberg en 1762.

OUEL (le s^r), porte-drapeau au régiment de la Tour du Pin, blessé au siége d'Hulst en 1747.

OUFFREVILLE (le seigneur d'), tué à la bataille d'Azincourt en 1415.

OUILLY (d'). (Voy. D'OILLY.)

OURCHE (le s^r l'), lieutenant du seigneur de Martigues, tué d'une *pistolade* en 1568 par Saint-Bonnet, écuyer du seigneur d'Andelot (*Mém. du temps*, impr. en 1578).

OURS (Pierre des), seigneur de la Geneste, major du régiment de Provence, blessé au siége de Leucate, sous Louis XIII.

OURS (Jaques des), son frère, lieutenant au régiment de Cornusson-cavalerie, tué dans les guerres de ce règne.

OURS (Antoine des), capitaine au régiment de Hainaut, tué en 1709 en défendant un pont sur la Noguerra, en Espagne.

OURSEL (le sʳ), capitaine au régiment de Picardie, tué à la bataille de Parme en 1734.

OURY (le sʳ) est blessé à mort au siége de Candie, mars 1669.

OUVILLE (le sʳ d'), chevalier de Saint-Louis, sous-brigadier de la 2ᵉ compagnie des mousquetaires, tué à la bataille d'Ettingen en 1743.

OUVILLE (le chevalier d'), chevalier de Saint-Louis, capitaine au régiment royal artillerie, blessé au siége du fort Saint-Philippe en 1756.

OYENPVILLE (Henry), son frère, tué à la même bataille de Poitiers en 1356.

OYENPVILLE (Simon), chevalier, tué à la bataille de Poitiers en 1356.

OZÉE (Thomas), enseigne de vaisseau en 1669, le 3 décembre 1671, capitaine de brûlot; tué au combat du 7 juin 1673.

P

PAC (Henry du), seigneur de Pontferme, chevalier de Saint-Louis, capitaine au régiment de Normandie, blessé dangereusement d'un coup de feu au siége de Philisbourg, en 1734.

PAC (Guy-Henry du) de Lestaing, capitaine au régiment de Blaisois, mourut en 1740, des suites d'une blessure qu'il reçut à Dantzick.

PAC (François du), son frère, dit le *chevalier de Bellegarde*, chevalier de Saint-Louis, capitaine puis lieutenant-colonel du même régiment, fut tué dans la guerre d'Italie en 1744.

PACHE (*Perrine* de), écuyer, tué à la bataille de Poitiers en 1356.

Ce nom paraît altéré dans les *Annales d'Aquitaine*.

PACHER (le s'), enseigne, est blessé au siége de Tortone, décembre 1642.

PACO (le s'), sous-lieutenant au régiment royal, est blessé au siége de Luxembourg, juin 1684.

PADEJENS (le s'), lieutenant de la mestre de camp, reçoit trois blessures au combat du 11 juillet 1640, devant Turin.

PAGAN (Ferrand de), chevalier de l'ordre du Roy, gentilhomme ordinaire de sa chambre, lieutenant de la compagnie des gendarmes du connétable de Montmorency, gouverneur de Beaucaire et du pont de Sorgues, blessé d'un coup de pique à la gorge dans un autre combat en 1562, meurt en 1607.

PAGAN (Blaire-François dit le comte de), seigneur de l'Isle et de Merveilles, chevalier de l'ordre du Roy, gentilhomme ordinaire de sa chambre, maréchal de ses camps et armées, conseiller d'État d'épée, reçut au siége de Montauban, en 1621, un coup de mousquet dans l'œil gauche, qu'il perdit, Il mourut à Paris le 18 novembre 1665.

PAGE (le s^r), capitaine au régiment de Champagne, tué en 1650 à la prise d'une petite place en Catalogne.

PAGE DE FIARY (le), lieutenant de vaisseau du port de Toulon, mort de ses blessures sur l'*Invincible*, commandé par M. de Rouvray, le 12 septembre 1704.

PAGÈS (Louis de), dit le *chevalier* de Saint-André, capitaine au régiment de Boulonnois, fut tué d'un coup de bombe au siége de Doüay, en 1710.

PAGÈS (Abraham de), chevalier de Saint-Louis, capitaine au régiment d'Anjou et commandant au fort de l'Escalle en Catalogne, reçut cinq blessures sur une galliotte où il servoit en 1713; fut encore blessé en 1734 aux batailles de Parme et de Guastalla, et mourut à Longwy le 5 octobre 1740.

PAGÈS (Charles-Pompée-Pierre de), son fils, lieutenant au même régiment d'Anjou, blessé très-grièvement d'un coup de fusil à la cuisse à la bataille de Guastalla, en 1734, fut envoyé depuis ingénieur aux Indes, où il mourut en 1745 des blessures qu'il reçut dans les différentes actions où il s'étoit trouvé.

PAGÈS (François-Clair de), vicomte de Beaufort, chevalier de Saint-Louis, capitaine au régiment de Piémont, et lieutenant des maréchaux de France à Castelnaudary et à Moissac, fut blessé à la bataille de Rosback en 1757.

Pagès (le chevalier de), enseigne au régiment d'Aumont, blessé à la bataille de Minden en 1759.

Pagnac (le sr de), capitaine de dragons, est blessé à la bataille de Cassel, avril 1677.

Pagnadorès (le sr), lieutenant au régiment de Piémont, blessé au siége de Doüay, en 1710.

Pagnat (le sr de), maréchal des logis de la 2e compagnie des mousquetaires, tué au siége de Mastrick, en juin 1673.

Pagne (le sr), lieutenant aux gardes françoises, tué au siége de Privas en 1629, où il donna de grandes preuves de valeur (*Mercure* de 1629.)

Pagnon (Hugues de), chevalier de Saint-Louis, capitaine commandant au régiment de Béarn, blessé au siége de Munster en 1759, le fut encore au combat de Warbourg en 1760.

Pagny (le sr), aide-major du régiment de Brissac, est blessé à la bataille de Rosback, novembre 1757.

Pagrel (le sr), lieutenant au régiment de Saint-Germain, blessé d'un coup de feu à la joue à la bataille de Minden en 1759.

Pagy (Pierre de), chevalier de Saint-Louis, capitaine de grenadiers au régiment de la Tour-du-Pin, depuis Béarn, ensuite lieutenant-colonel de celui de Bassigny, blessé à la bataille de Creweldt, en 1758, d'un coup de feu à la jambe droite.

Paige (Nicolas le), gentilhomme lorrain, mort le 17 juin 1691, de la blessure qu'il avoit reçue au siége de Coni.

Paignant-d'Orban (Joseph de), chevalier de Saint-Louis,

ancien sous-ayde-major de la gendarmerie avec rang de colonel, puis lieutenant général des armées du roy en 1792, et commandant à Nancy, reçut plusieurs blessures dans les guerres de Louis XV, une entre autres au mois d'août 1762 d'un coup de sabre qui lui partagea la jouë et l'oreille. Il mourut à Ligny-la-Barrois le 9 mars 1807, âgé de quatre-vingt-trois ans et demi.

PAIGNON (de). — (Voy. DE PAGNON.)

PAILLARD (Michel), seigneur de Bourgueil, lieutenant au régiment des vaisseaux, puis volontaire dans les gardes du corps du roy, blessé au combat de Steinkerque en 1692.

PAILLÈRE (le sr de), aide de camp du comte de Palluau, est tué en allant visiter des batteries aux environs de Messine, septembre 1647.

PAILLEREZ (le sr de), cornette du régiment de Roussillon, est tué devant Mons le 12 juillet 1678.

PAILLERIE (le capitaine), servant dans le parti du roy, fut enlevé en l'air par un coup de canon au siége de Lusignan, en 1569, comme il se présentait avec l'épée nuë à la brèche.

PAILLERIE (le sr de la), mousquetaire de la garde du roy, fut tué au siége de Maestricht en 1673.

PAILLIT (le sr), lieutenant-colonel du régiment de la Ferté, est tué le 6 juillet 1656, à la tranchée devant Valenciennes.

PAILLOT (Antoine), homme d'armes de la compagnie du Dauphin fils du roy Charles VII, tué au siége de Dieppe en 1443, d'après des lettres patentes du roy, obtenuës par Pierre Paillot le 31 mars 1718.

PAILLOT (Jean), seigneur de Lonnoy, homme d'armes

des ordonnances du roi sous Louis XI, fut blessé à mort à la bataille donnée près de Thionville contre l'archiduc Maximilien, d'après les mêmes lettres.

PALADRA (Guillaume de), gentilhomme dauphinois sous les ordres du baron de Sassenage, tué à la bataille de Verneuil du 6 août 1624.

PALAVICI (le s^r) est tué à la bataille de Malplaquet, 11 septembre 1709.

PALCOURT (le s^r), lieutenant au régiment de Piémont, blessé au siége de Philisbourg en 1688.

PALASTROM (le s^r de), sous-lieutenant au régiment de Picardie, blessé au combat de Sens en 1674.

PALIEZ (le seigneur de), tué à la défense de Metz en 1552 (on le croit de la maison de Villemor de Pailhez).

PALISSE DARBORAS (le s^r), capitaine au régiment de Languedoc, est blessé au combat de Cremone, juin 1648.

PALISSE (Martial de la), chevalier de Saint-Louis, major du régiment des gardes lorraines, tué en 1702 à l'attaque du château d'Amenebourg.

PALLAS (de), capitaine de vaisseau, du port de Toulon, mort à la Havane, commandant l'*Oriflamme*, le 9 juin 1702.

PALLEVILLE (le s^r), capitaine au régiment d'Anjou, est blessé à la bataille de Cassel, avril 1677.

PALLIÈRE, maréchal des logis du régiment vieux Languedoc, blessé à la bataille de Staffarde, le 18 août 1690.

PALLUAT (le s^r de), lieutenant dans le régiment d'Auvergne infanterie, est blessé au combat près de Rhinberg, octobre 1760.

PALLUNT (Jacques), mort des suites d'une blessure qu'il reçut à la bataille de Moncontour en 1569. M. de Tavannes, dans une lettre qu'il écrivoit à son père à son sujet, lui donne des éloges sur sa vaillance et ajoute qu'il étoit bon et fidelle serviteur du roy.

PALLUNT (Philippe), mort au siége d'Ostende.

PALLUNT (Upomas), seigneur de Jalamondes, capitaine au régiment de Saint-Trivier en partie, puis gendarme de la compagnie de M. de Thianges, mourut au siége de Valence sur le Pô sous Louis XIV.

PALLUNT DE JALAMONDES (Claude-Marie-César dit le *chevalier* de), seigneur de la Sardiere, chevalier de Saint-Louis, capitaine de carabiniers, blessé à la bataille de Laufeldt en 1747, le fut encore d'un coup de mousquet à travers la jambe et de deux coups de baïonette à celle de Minden en 1759.

PALLUNT (N... de), lieutenant au régiment d'Auvergne, blessé à la bataille de Clostercamps en 1760.

PALLUAU (Pierre dit le *marquis* de), seigneur de Palluau, maréchal de camp et gouverneur d'Aix-la-Chapelle, fut très-dangereusement blessé d'un coup de mousquet au siége de Limbourg en 1675, où il fut même laissé pour mort sur la place.

PALLUAU (le s^r de), capitaine au régiment de Poitou, fut blessé à la bataille de Rosback en 1757.

PALMAROL (le s^r de), capitaine au régiment de la Sarre blessé au siége de Chouegen en Canada, octobre 1756.

PALMAROLLE (le s^r de), chevalier de Saint-Louis, commandant de bataillon au régiment de la Sarre, avec rang d lieutenant-colonel, tué à la bataille de Zuebec, le 28 avril 1760.

PALMES (François de), tué au siége de Candie, en 1669, dans une sortie où il commandoit les enfants perdus.

PALMES (Louis de), son neveu, capitaine au régiment royal Piémont cavalerie, tué au service en 1708.

PALMES (Jacques-Nicolas de), frère du précédent, seigneur de Vaudenoit, du Hamel et de la Porte, chevalier de Saint-Louis, lieutenant-colonel du régiment royal-infanterie et lieutenant du roy, puis commandant à Bergues Saint-Vinox, blessé dangereusement à la bataille de Malplaquet, en 1709, mourut le 13 février 1741.

PALOGUE (le sr), mousquetaire de la garde du roy, blessé au siége de Mastrick en 1673.

PALONNIÈRE (le sr de), lieutenant aux grenadiers de France, eut un bras emporté, il est fait prisonnier à la bataille de Minden en 1759.

PALU (Guillaume de la), seigneur de Bouligneux, chevalier, dit *Alegret*, fut tué à la bataille de Verneuil, en 1424.

PALU (Jean de la), seigneur de Brassac, zélé catholique, disent les mémoires du temps, fut tué au siége de Mazères en 1569. *et voir pg 5 -*

PALU (François de la), seigneur de Bouligneux, lieutenant-colonel du régiment de Bourgogne, tué à la bataille de la Marphée en 1641.

PALU (le sr), officier d'artillerie, est blessé le 1er octobre 1688, au siége de Philisbourg.

PALU (N... de la), comte de Bouligneux, chevalier de

Saint-Louis, colonel du régiment de Limosin, puis lieutenant général des armées du roy, tué au siége de Verue en 1705.

PALUE (Étienne de la), comte de Meilley, colonel du régiment de Normandie et brigadier des armées du roy, blessé dangereusement à la levée du siége de Woërden en 1672, mourut au mois de mars 1674.

PALVOISIN (le s^r de), aide de camp, est tué dans l'expédition du vicomte de Turenne dans le pays de la Marck-Brandebourg, février 1673.

PANAY (le s^r de), chevalier de Saint-Louis, capitaine de grenadiers au régiment de Navarre, blessé à la bataille d'Ettingen en 1743, mourut d'une autre blessure qu'il reçut à celle de Raucoux, le 28 novembre 1766.

PANETIER (le s^r), officier de l'escadre du comte d'Estrées, est blessé à l'attaque du fort de Cayenne, 1677.

PANDIN (Théodore), seigneur des Tessonières, capitaine au régiment de la Fère, tué à la bataille de Seneff en 1674.

PANIER (le s^r), lieutenant, est tué au siége de Maestricht, septembre 1632.

PANIS (le s^r de), capitaine au régiment Dauphin, eut la cuisse cassée à la bataille de Minden en 1759.

PANISSE (Gabriel de), baron de Montfaucon, fut tué dans l'armée catholique au combat de Saint-Gilles, en 1562.

PANISSON (le s^r), capitaine au régiment de Picardie, blessé d'un coup de feu à la tête et d'un autre au bras droit, à la bataille d'Hastembeck en 1757.

PANNETIER, lieutenant de vaisseau du port de Brest,

mort sur l'*Eclatant*, commandé par M. de Champmeslin, le 23 may 1724.

PANTIN (Michel), dit le *chevalier de la Guère*, enseigne de vaïsseaux, fut tué au siége de Candie en 1669.

PANTIN (Claude), dit aussy le *chevalier de la Guère*, capitaine de dragons au régiment de Senneterre, tué à la bataille de la Marsaille en 1693.

PANTIN (Sébastien-Philippes), marquis de la Hamelière, officier de dragons, fut tué en Allemagne, en 1693, par un capitaine de hussards qu'il avoit fait prisonnier et qu'il avoit oublié de désarmer.

Nota. Les mémoires de cette famille citent un Raimond Pantin, tué dans les guerres de Sicile, en 1283.

PANTIN (Raimond), seigneur de la Hamelinière, de Landemont, de Boirouault, de Gourville et du Breuil, tué à la bataille de Poitiers en 1356.

PANTIN (Pierre de), seigneur de Boisrouault, tué à la bataille de Saint-Aubin des Cormiers, en 1488.

PANTOJA (le s'), colonel d'infanterie, est tué le 8 septembre 1708, à l'attaque d'un convoi, à deux lieues de Dixmude.

PANTRIEUX (Jean de), seigneur de la Maison, chevalier de l'ordre du Roy, et mestre de camp d'un régiment, tué au siége de Montauban en 1621.

PAPIGNIE (le s'), capitaine au régiment d'Alsace, blessé à la bataille de Clostescamps en 1760.

PAPILLANT (le s' de), lieutenant dans les troupes de la compagnie des Indes, fut tué à l'affaire du 30 septembre 1759, à Vaudavachi, à 30 lieues de Pondichéry.

PAPIN (le s^r de), capitaine au régiment de Normandie, blessé à la bataille de Clostescamps en 1760.

PAPOU (plusieurs frères portant ce nom, furent tués soit au siége de Chambéry en 1630, soit à la bataille de Castelnaudari en 1632).

PAPUS (le s^r), capitaine au régiment de Brissac, blessé à la bataille de Rosback en 1757.

PARABERE (le chevalier de), ayde-major des armées navales du port de Brest, mort sur le Northamberlan, à Chéboutou en Acadie, le......1746.

PARADIS (le s^r), capitaine-lieutenant au régiment de Diesback-suisse, blessé à la bataille de Laufeldt en 1767.

PARADIS (le s^r), commandant de Karical et ingénieur en chef à Pondichéry, chevalier de Saint-Louis, reçoit, à l'attaque de cette dernière place. une balle de mousquet à la tête, et meurt le surlendemain de cette blessure, le 11 septembre 1768.

PARAGE (le s^r de), lieutenant au régiment de Marcieu-cavallerie, blessé à la bataille de Minden en 1759.

PARAGÈRES (le s^r de), gentilhomme, est blessé au siége de Gravelines, juin 1644; puis, le duc d'Orléans lui ayant envoyé un carrosse pour le ramener à son quartier, un boulet de canon ennemi fracassa la voiture et emporta la tête du blessé.

PARAT (Pierre), lieutenant-colonel du régiment d'Artois, tué en Italie au service du roy, 1690.

PARAT (le s^r), capitaine au régiment de Bourbonnois, blessé à la bataille de Steinkerque en 1692.

PARAVICINI (le s\ :superscript r), lieutenant de la compagnie suisse de son cousin du même nom, fut blessé à l'expédition de la Sicile en 1678.

PARAVICINI DE CAPPEL, capitaine au régiment suisse du jeune Stappa, tué à la bataille de Fleurus, le 1\ :superscript er jour de juillet 1690.

PARAVICINI (le s\ :superscript r), Grison, capitaine de grenadiers au régiment de Wittmer, tué à l'affaire des Cinq Estoiles en 1746.

PARAVICINI (le s\ :superscript r), sous-lieutenant de la compagnie de son frère au même régiment, tué au siége de Maestricht en 1748.

PARAVICINI (Jean-Baptiste, baron de), chevalier de Saint-Louis, lieutenant-colonel du même régiment, puis colonel de celuy de Waldner, brigadier des armées du roy et commandant à Dillembourg, blessé à la bataille de Rosback en 1757, à celle de Sundershausen en 1758, et au talon à celle de Minden en 1759, fut tué, étant couvert de blessures au mois de janvier 1760, en défendant le château de Dillembourg.

PARAVINIÈRE (le s\ :superscript r de), sous-lieutenant au régiment de Navarre, blessé au combat de Seneff en 1674.

PARC (Guy du), baron d'Ingrande, tué par les religionaires en 1569, après la bataille de Jarnac.

PARC (le chevalier du), lieutenant et ayde-major au régiment de Picardie, tué à la bataille de Malplaquet en 1709.

PARC (Louis-Brunet du), chevalier de Saint-Louis, capitaine et ayde-major au régiment d'Aquitaine, fut blessé de quatre coups de feu, un aux reins, au siége de Prague, en

1742, à la cuisse à l'affaire de Montalban, au bras à celle de Tidon, et à la jambe à celle de Stravemberg; il le fut encore à la journée de Giebenstein, le 24 août 1762.

PARCHAPPE (Pierre), seigneur du grand Brousay, fut tué d'un coup de fauconeau près la personne du roy au siége d'Epernay en 1592.

PARCHAPPE (François), officier au régiment de Rambures, tué à la bataille de Rocroy en 1643.

PARCHAPPE (Antoine), capitaine de cavalerie, tué au siége de Philisbourg sous Louis XIV.

PARCHAPPE DE TINCOURT (Jean), capitaine-lieutenant de la mestre de camp du régiment royal Roussillon et lieutenant du roy d'Epernay, tué en 1753 dans la guerre d'Allemagne.

PARCHAPPE DE VINAY (François), son frère, chevalier de Saint-Louis, grand bailly de Châlons-sur-Marne, lieutenant-colonel du régiment de Picardie, commandant de la citadelle de Bezançon, et lieutenant de roy d'Epernay, fut grièvement blessé aux batailles de Parme et de Guastalla en 1734 et à cette dernière d'un coup de feu dans la hanche.

PARCHAPPE (Scipion), capitaine au même régiment, tué à la bataille de Parme en 1734.

PARCHAPPE (Jean-Baptiste), son frère, capitaine au même régiment, mort criblé de blessures.

PARCHAPPE (Benjamin), son autre frère aussy, capitaine au régiment de Picardie, tué à l'armée de Bavière en 1743.

PARCHAPPE (Jean-Antoine-Pierre), chevalier de Saint-Louis, mousquetaire de la garde du roy, mort en 1745, des blessures qu'il reçut à la bataille de Fontenoy.

PARDAILLAN (Pons ou Poncet de), seigneur de Gondrin, vicomte de Castillon, tué en 1451, dans un combat près de Bordeaux.

PARDAILLAN (Blaise de), seigneur de la Motte Gondrin, chevalier de l'ordre du roy, gentilhomme ordinaire de sa chambre, capitaine de cinquante hommes d'armes de ses ordonnances, gouverneur et lieutenant général pour Sa Majesté en Dauphiné en l'absence du duc de Guise, gouverneur de Carignan et de Villeneuve-de-Marsan, fut massacré par les protestans le 29 avril 1562.

PARDAILLAN (Bernard de), dit le *cadet de Caumont*, seigneur de Granchet, homme d'arme de la compagnie d'ordonnance du duc de Nemours, reçut une blessure dans les guerres religieuses, et mourut le 6 mars 1565.

PARDAILLAN (Hector de), baron de Gondrin, seigneur de Montespan et d'Antin, chevalier des ordres du roy, capitaine de ses gardes du corps et de cinquante hommes d'armes de ses ordonnances, conseiller en son conseil privé, fut blessé au visage en 1587 dans le combat dit en Gascogne *des trois frères* et mourut en 1624.

PARDAILLAN (Antoine-Amand de), marquis de Montespan et d'Antin, baron de Gondrin, chevalier des ordres du roy, gentilhomme ordinaire de sa chambre, capitaine de ses gardes du corps, conseiller en son conseil privé, maréchal de ses camps et armées, capitaine de cent hommes d'armes de ses ordonnances, gouverneur de Navarre et de Béarn, lieutenant général au gouverneur de Guyenne, sénéchal et gouverneur d'Agenois, de Condomois et de Gascogne, fut blessé à la tête au siége d'Amiens en 1596 et mourut le 28 may 1624.

PARDAILLAN DE GONDRIN (Louis-Antoine de), duc d'Antin,

pair de France, marquis de Montespan et de Gondrin, seigneur des duchés d'Epernon et de Bellgarde, chevalier des ordres du roy, lieutenant général de ses armées et de la haute et basse Alsace, de Simtgawo et de Brisgaw, gouverneur d'Orléans, de l'Orléanais, du pays Chartrain, du Perche Gouet, de Sologne, de Vendomois, de Dunois, de Blesois et d'Amboise, menin de monseigneur le Dauphin, surintendant et ordonateur général des bâtiments et jardins du roy, arts et manufactures de France, académie et imprimerie royales, fut blessé au siége de Montmélian. Il mourut le 2 novembre 1736.

PARDAILLAN (le sr de), marquis de Termes, est blessé à la tranchée devant Douay le 5 juillet 1667, reçoit une contusion devant Maestricht le 16 juin 1673, est blessé d'un coup de mousquet au bras dans la tranchée devant Besançon, mai 1674, est tué à la bataille de Sintzim, juin de la même année.

PARDAILLAN (sr de Gondrin) est blessé à la bataille de Malplaquet, septembre 1709.

PARDAILLAN DE GONDRIN (Joseph de), cornette au régiment de Condé, est tué à la bataille de Minden en 1759.

PARDAILLAN, lieutenant de vaisseau du port de Toulon, mort sur le *Dauphin royal*, le 18 mars 1841.

PARDIEU (Jacques de), seigneur de Franquené *ou* de Franquesnay, lieutenant de roy à Saint-Domingue, est tué le 22 janvier 1691, dans un combat contre les Espagnols.

PARDIEU (François de), mestre de camp de cavalerie, est tué dans l'armée d'Italie en 1644.

PARCATIS (le sr), ayde de camp et capitaine au régiment

de Trassy cavalerie, blessé en 1644 au siége de Fribourg (*Mercure* de 1644.)

PARENT, (le s^r), aide d'artillerie de marine, capitaine de brûlot, du port de Lorient, tué commandant la *Galathée* en l'année 1712.

PARENTIS (le s^r de), aide de camp au régiment d'Enguien, est blessé au combat de Fribourg, août 1644.

PARET (le s^r), enseigne au régiment prince de Gotha, au corps des Saxons, tué à la bataille de Minden en 1759.

PARETH (Jean-Joseph), capitaine au régiment d'Alsace, blessé à la bataille de Clostercamps en 1760.

PARETH (Wilhem), aussy capitaine au même régiment, blessé à la même bataille.

PARFAIT (Etienne), lieutenant au régiment des gardes françoises, tué au siége d'Armantières en 1647.

PARFAIT (Honoré), aussi lieutenant aux gardes françoises, et contrôleur général de la maison du roy, tué au siége de la citadelle de Cambray en 1677.

PARFAIT (Guillaume), son oncle, d'abord page de la grande écurie du roy, puis mousquetaire, ensuite capitaine dans les troupes d'Espagne contre le Portugal, reçut un coup d'épée dans une bataille en dégageant le comte de Charny de dessous son cheval, et il en mourut le 10 mai 1677.

PARFONDREUX (le s^r de), premier capitaine au régiment de Gassion, est blessé au siége de la ville de Lens, octobre 1647.

PARFONTAINE (le s^r de), lieutenant du régiment de Villandry, est blessé à la bataille de Cazal, mai 1640.

PARFONRU (de), enseigne de vaisseau du port de Rochefort, mort aux Isles sur le *Chasseur*, le.....may 1693.

PARFONRU (le chevalier de), lieutenant au régiment de Languedoc, tué en 1758, à l'affaire de Carillon en Canada.

PARIS (le capitaine), lieutenant de la compagnie des gendarmes et amiral de Bonnivet, fut tué à la bataille de Pavie en 1525.

PARIS (le s^r de), maréchal de bataille, est blessé à la prise d'Hoscht sur le Mein, mai 1647.

PARIS (le s^r de), lieutenant au régiment de Créqui, est blessé à la bataille de Rethel, décembre 1650.

PARIS (Jean-Jacques), garde du corps de M. le duc d'Orléans, régent du royaume, compagnie d'Estampes, blessé d'un coup de fusil au combat de Calcinato, en l'année 1706 : victoire sur les Impériaux, remportée par le duc de Vendôme. — Blessé à plusieurs reprises dans les guerres d'Allemagne, il entra comme officier du roi à l'hôtel royal des Invalides, le 9 juillet 1712 : puis lieutenant-commandant au fort de Bergues, où il mourut des suites de ses blessures le 15 janvier 1746.

Trisaïeul de l'éditeur.

PARIS (François-Philippe de), seigneur de Mainvilliers, chevalier de Saint-Louis, capitaine d'artillerie, blessé d'un coup de biscayen au talon près d'Hulbaken en 1759, mourut à Chartres en 178..

PARISOT (Jean), lieutenant au régiment de la Reine, blessé à la bataille de Steinkerque, en 1692.

PARISOT (François), son frère, tué au service.

Parisot (le s[r]), ingénieur à la majorité de Cambray, est blessé le 30 mai 1684 au siége de Luxembourg.

Parisot (Charles-Louis-Jean-Baptiste), chevalier de Saint-Louis, commandant de bataillon au régiment de Berry, fut blessé en 1714, en faisant la petite guerre près de Prague.

Parisot (Charles-Nicolas-François, *baron* de), tué au siége de Prague en 1742.

Parisot (Claude-François-Xavier), officier au régiment de ...., tué à la bataille de Raucoux en 1746.

Parlan (le s[r] de), lieutenant de vaisseaux, eut une jambe emportée à la descente de Gennes en 1684 n'étant encore que garde de la marine.

Parnay (le s[r] de), capitaine au régiment de Navarre, blessé à la bataille de Raucoux en 1746.

Parron (le s[r]), lieutenant au régiment de Trainel, est blessé au siége de Mahon, août 1756.

Parsevaux de Queramel, lieutenant de vaisseau, du port de Brest, Pery sur le *Magnanime*, commandé par M. de Contseras le 22 janvier 1712.

Partebie (le s[r] de), mousquetaire de la garde du roy, blessé au siége de Mastrick en 1673.

Partigny (le s[r]), lieutenant au régiment de royal vaisseau, blessé au siége de Mons en 1691.

Paru (le chevalier de), capitaine au régiment de Touraine, blessé à la bataille de Minden, août 1759.

Pas (Jean de), seigneur de Feuquieres, excellent officier dit M. de Thou, et qui entendoit parfaitement les siéges,

fut tué en 1569 à celui de la Charité, dont il étoit gouverneur ainsy que de la ville de Roye en Picardie ; il possé-
doit aussy les terres de Montmort d'Arcy et de Romlin, et
étoit aussy gentilhomme ordinaire de la chambre du roy et
maréchal de ses camps et armées, s'étant rendu célèbre
sous le nom de *Feuquières*.

PAS (François de), seigneur de Feuquières, premier
chambellan du roy Henry IV, maréchal de camp, gouverneur de Péronne, de Roye et de Montdidier, tué à la bataille d'Ivry en 1590.

PAS (Daniel et Gédéon de), furent tués, l'un devant
Paris et l'autre au siége de Doullens en 1595.

PAS (le s^r de), chevalier de Feuquières est tué au combat
de Saint-Denis près Mons, février 1618.

PAS (Manassés de), marquis de Feuquières, lieutenant-
général des armées du roy et au gouvernement du païs
messin et du Toulois, gouverneur de Toul, de Verdun,
de Vic et de Moyenevic et ambassadeur en Allemagne,
ayant eu ordre d'assiéger Thionville en 1639, il reçut deux
coups de feu dont un luy fracassa le bras droit auprès de
l'épaule et au-dessus du coude, sans vouloir prendre le
temps de se faire panser, dans la crainte que son absence
ne ralentît l'ardeur des soldats et il tomba de cheval évanoui
par la perte de son sang. Il mourut en cette ville le 13 ou
le 14 mars 1640. Il avait cinquante ans : il meurt le même
jour que son père fut tué à la bataille d'Ivry.

PAS (le comte de) est blessé à la prise de Lunéville par
le duc de Longueville, novembre 1648, et comme maréchal
de camp reçoit deux autres blessures à la bataille de
Rethel, 1651.

Pas de Feuquières (le sʳ), mestre de camp, est blessé à la même bataille de Rethel, 1651.

Pas (Henri de), chevalier de Malte et capitaine de vaisseau, est tué d'un coup de canon dans un combat en Sicile en 1676.

Pas de Feuquières (le chevalier de), capitaine de vaisseau du port de Toulon, mort à Messine, en 1877.

Pas (Charles de), chevalier de Malte et frère de Henri de Pas, capitaine de vaisseau, tué à la bataille de Saint-Denis en 1678.

Pas (Simon de), autre frère de Henri et Charles de Pas, dit le *chevalier de Feuquières*, aussy capitaine de vaisseau, mourut au Havre le 2 juin 1692 d'un coup de canon qui lui emporta une cuisse au combat de la Manche, à bord du *Diamant*, qu'il commandoit.

Pas (François de), dit pareillement le *chevalier de Feuquières*, chevalier de Saint-Louis et capitaine de vaisseau, estropié d'un bras, eut encore la mâchoire fracassée d'un coup de fusil dans une action; puis une jambe emportée au combat de Malaga, en 1704.

Pas (Antoine de), marquis de Feuquières, chevalier de Saint-Louis, colonel du régiment de Béarn, lieutenant général des armées du roy, commandant à Bordeaux et gouverneur de Verdun, fut blessé à la jambe dans une action qui se passa près de Bâle en 1677; reçut un coup de feu qui lui traversa le haut des cuisses à la bataille de Saint-Denis en 1678; eut un cheval tué sous luy en 1691 en chassant les barbets des vallées de Villars : mourut le 27 janvier 1711.

Pas (N... de), marquis de Feuquieres, ayde de camp du

prince de Conty, fut blessé d'un boulet de canon au camp devant Saint-Sébastien au mois de juillet 1715. — Voy. de FEUQUIÈRES.

PAS DE BEAULIEU. — (Voy. de BEAULIEU.)

PASCAL (le s^r), sergent aux gardes, est tué à la bataille de Cazal, mai 1640.

PASCAL (le s^r), enseigne au régiment de Navailles, est blessé dans un combat donné près d'Orbitella en Italie, le 27 juin 1646.

PASCAL (le s^r), volontaire dans le régiment de Picardie, est blessé à la descente de Gigery en Afrique, août 1664. Il meurt le 9 décembre 1669 des blessures qu'il avoit reçues au siége de Candie, 1669.

PASCAL (le s^r), capitaine au régiment de Picardie, blessé au combat de Seneff en 1674.

PASCAL (le s^r), chevalier de Saint-Louis, commandant de bataillon au régiment de Piémont avec rang de lieutenant-colonel, fut enterré par l'effet d'une mine au siége de Mastrick en 1748, sa cuirasse luy ayant causé de fortes contusions, et il fut encore blessé à la bataille de Rosback en 1757.

PASDEJEU, lieutenant de vaisseau du port de Rochefort, tué à la Hougue sur l'*Ambitieux*, commandé par M. de Villette, le 29 may 1692.

PASLE (le s^r de la), capitaine au régiment de Normandie, fut blessé dangereusement au siége de Saint-Afrique en 1628.

PASQUIER DE FRANCLIEU (Charles), ingénieur et capitaine

au régiment de Piémont, tué au siége de Namur sous Louis XIV.

PASQUIER (du), capitaine du régiment de Beauvais, blessé à la défense de Mayence au mois de septembre 1689.

PASSAC (le seigneur de), d'abord dans le parti des religionnaires, entra ensuite dans celui du roy; fut capitaine d'une compagnie; servit sous les ordres du comte du Lude et fut tué au siége de Poitiers en 1569.

PASSAGE (du), lieutenant de vaisseau du port de Rochefort, mort sur l'*Invincible* le 30 juin 1746.

PASSAGE DE CAILLOUET (Louis du), chevalier de Saint-Louis, premier capitaine commandant au régiment de Poitiers, blessé à la bataille de Rosback en 1757 obtint une pension de retraite de 1500 fr. en 1783.

PASSAGE (Bernard-Angélique du), ingénieur au service de la compagnie des Indes à Pondichéry, reçut deux blessures au service qu'il quitta en 1762, et obtint en 1768 une pension de 1200 fr. motivée en effet sur les blessures qu'il avoit reçuës.

PASSAVANT (Jean de), chevalier, tué à la bataille de Baugé en 1421 : les chroniques d'Enguerrand de Monstrelet imprimées à Paris en 1603, p. 306, défigurent entièrement son nom; elles le nomment *Totavant*.

PASSE (le sᵣ de la), lieutenant au régiment de Navarre, tué au siége de Prague en 1742.

PASSERAT (Augustin de), dit le *chevalier de Silaus*, chevalier de Saint-Louis et capitaine de vaisseau, blessé au combat d'Ouëssant en 1778.

PASSI. — (Voy. de PASSIN.)

PASSIN ou PASSI (le capitaine de), Dauphinois, tué à la bataille de Cerisolles en 1544.

PASSIN (le sr de), mousquetaire de la garde du roy, blessé au siége de Mastrick en juin 1673.

PASSU (le sr de), lieutenant aux gardes françoises, tué au siége de Gravelines en 1652.

PASSY LALLEMANT (le chevalier de), enseigne aux gardes, est blessé au siége de Courtray, juin 1646. Est tué dans une escarmouche entre l'armée du roi et celle d'Espagne aux environs de Stinwert, septembre 1647.

PASSY (le sr de), enseigne des grenadiers, tué au siége de Pondichéry en 1748.

PASTRASCOURT (le sr), officier auxiliaire, blessé dans le combat du bailly de Suffren aux Indes, près de Provedierne, contre l'amiral Hugues, le 12 avril 1782.

PASTRE (le sr de) est blessé mortellement au siége de Candie, mars 1669.

PATE (Fiery), écuyer, tué à la bataille de Poitiers en 1356.

> Ainsi nommé dans les *Annales d'Aquitaine;* il est aisé de voir que ces noms sont entièrement défigurés.

PATERVILLE (Salmon), enseigne de vaisseau du port de Rochefort, tué à Riogenaire sur l'*Oriflamme,* le 19 septembre 1720.

PATIGNY (le sr), capitaine au régiment de la Ferté, est tué au siége de Luxembourg, juin 1684.

PATISSIER (Charles-Jean-Marie), dit le *marquis de Bussy,* marquis de Castelnau, chevalier grand-croix de l'ordre royal et militaire de Saint-Louis, lieutenant général des armées du roy et commandant en chef les troupes Françoises aux Indes orientales, est blessé en 1749 à l'expédition de Gingi; il mourut en 1785.

PATRAS (Michel de), seigneur de Campaigno, gentilhomme ordinaire de la chambre du roy, capitaine d'une compagnie de chevau-légers entretenuë à Boulogne, sénéchal et gouverneur du Boulonnois, tué en 1596 dans une expédition qu'il fit aux environs de Saint-Omer.

PATRAS DE CAMPAIGNO (N... de), lieutenant aux gardes françoises, tué au siége de Lens en 1647.

PATRAS DE CAMPAIGNO (Gabriel de), chevalier de Saint-Louis, capitaine au régiment de Poitou, reçut une blessure à la tête au service qu'il quitta en 1755.

PATRIS (le s^r), capitaine du régiment de Guyenne, est tué à la défense du fort Carillon en Canada, à l'affaire du 8 juillet 1758.

PATRIZZI (Louis-Joseph-Balthasar-Jean-François, dit le *chevalier*), chevalier de Saint-Louis, premier capitaine au régiment royal italien avec rang de major fut grièvement blessé au siége de Fort-Saint-Philippe en 1756, et quitta le service en 1784.

PATY (Guillaume de), seigneur de Paty en Poitou, chevalier, tué à la bataille de Poitiers en 1356.

PATY (Barthélemi de), capitaine au régiment de Bassigny, tué à la bataille de Guastalla en 1734.

PAUDIÈRE MAISONNEUVE (la), enseigne de vaisseau du port de Rochefort, noyé sur le *Chameau*, commandé par M. Sainte-James, le 27 août 1725.

PAULIART (le s^r), aide-major du régiment de Champagne, est tué à la bataille de Sintzim, juin 1674.

PAULIAU (le baron de), capitaine de la marine, est blessé au combat de Civital près de Bozolo, le 28 décembre 1647.

PAULINE (le s^r de), capitaine aux gardes françoises, blessé en 1638 au siége de Saint-Omer où il commandoit les Enfans perdus, fut tué à celui d'Arras en 1640.

PAULLINE (le s^r de), capitaine au régiment de Picardie, est blessé d'un coup de mousquet au bras au siége de Bar-le-Duc en 1652. — (Voy. de COURS DE PAULHINE et de POUILLAC, c'est ainsy que M. de Thou désigne le premier des trois, et il ajoute qu'il mourut le surlendemain de sa blessure au siége de la Rochelle. Il paroît qu'ils étoient de la maison de Cours de Paulhine.)

PAULO (Antoine de), vicomte de Calmont, baron de Gibel, seigneur de Terragheuse et de Grandval, gentil-homme ordinaire de la chambre du roy, conseiller d'État d'épée et commandant la noblesse au secours de Leucate (neveu d'Antoine de Paulo grand maître de Malte), fut blessé grièvement au siége de Dalle en 1636 et mourut le 15 may 1695, à l'âge de cent ans.

PAULO (François de), vicomte de Calmont, seigneur de Saint-Marcel, capitaine au régiment de Sourches et sénéchal de Lauraguais, blessé en 1664 à la bataille de Raab en Hongrie et mourut en 1714.

PAUHOMES (le s^r), ingénieur, est blessé au siége de Luxembourg, juin 1684.

PAUNÉGES ou DE PAMEGES (le s^r de), capitaine de grenadiers au régiment de Champagne, fut tué d'un coup de canon au siége de Bouchain, en 1711.

PAURUS, capitaine de la brigade d'Artois, blessé le 18 août 1690, à la bataille de Staffarde.

PAUSSOT (le sᵣ de), capitaine au régiment de Brissac, blessé à la bataille de Rosback en 1757.

PAUZE (le sᵣ de), dans la nuit du 17 septembre 1742, eut dans les tranchées de Prague la cuisse emportée et mourut de ses blessures.

PAVANT (le sᵣ de), capitaine au régiment de Provence, blessé à la bataille de Rosback en 1757.

PAVAT (de), capitaine du régiment de Crussol, blessé à la défense de Mayence au mois de septembre 1689.

PAUL (Eyriès de), premier consul de Brignoles, reçut une blessure sous le règne d'Henry III dans une sortie qu'il fit à la tête des habitants de cette ville contre le marquis de Viris, son parent, chef des ligueurs, mourut quatre ans après.

PAUL (Charles de), seigneur de Rousset, tué en 1640 au siége de Turin à la tête du régiment qu'il commandoit.

PAUL (le sᵣ), ingénieur, est tué au siége de Maestricht en 1673.

PAUL (le sᵣ), ingénieur, est blessé le 6 septembre au siége de Charleroi, 1673.

PAUL (le chevalier de), capitaine de vaisseau du port de Brest, mort de ses blessures sur le *Sérieux* à Gibraltar, le 18 février 1705.

PAUL (le sᵣ), lieutenant au régiment de Hainaut, blessé dangereusement au siége du fort Saint-Philippe, en 1756.

PAUL (le sᵣ de), sous-brigadier des gardes de la marine,

est tué à bord du *Souverain* au combat du 17 août entre l'escadre du sieur de la Clue et celles des amiraux Boscawen et Broderick.

PAUL DE JOANNIS (le sʳ), enseigne de vaisseau, blessé sur le *Saint-Louis* dans un des combats du comte d'Aché aux Indes en 1758.

PAUL (le sʳ de), sous-brigadier des gardes de la marine, tué sur le *Souverain* dans le combat du chevalier de la Clue, le 17 août 1759.

PAULHIAC (le seigneur de), chevalier de l'ordre du roy, gentilhomme ordinaire de la chambre du duc d'Anjou et mestre de camp des gens de pied françois employés en Guienne, grièvement blessé tout à travers le corps au siége de Rabastens en 1570, mourut d'un coup d'arquebuse qu'il reçut à celui de la Rochelle en 1573.

PAULIAC, capitaine au régiment des gardes, tué au siége de Tortone en 1641.

PAVILLON (le sʳ), capitaine au régiment de Picardie, blessé à la bataille d'Hastembeck en 1757.

PAVILLON (le sʳ du), chevalier de Saint-Louis, capitaine de vaisseau, tué sur le *Triomphant*, qu'il commandait, dans le combat du comte de Grasse contre l'amiral Rodney au mois d'avril 1782.

PAYGNACE (le sʳ de), maréchal des logis des mousquetaires, est tué le 8 juin 1673 au siége de Maestricht.

PAYNEL (Bertrand), seigneur d'Ollonde, tué à la bataille d'Azincourt en 1415.

PAYOT (le sʳ), lieutenant dans le régiment de Normandie,

est blessé le 8 septembre en montant à la brèche au siége de la ville de Cosni, septembre 1641.

PAYSAC (le sr de), brigadier de dragons, est tué en poursuivant avec trop d'ardeur les ennemis dans une action donnée le 2 septembre 1709 près de Girone.

PAYSAN (Pierre de), tué au siége de Tarragone en 1644.

PAYSAN DE LESTANG (Joseph de), chevalier de Saint-Louis, colonel commandant des Croates françois, tué en 1746 au camp des Cinq-Estoiles en Flandre.

PAYSAN DE LA GARDE (N..... de), lieutenant de vaisseau, tué d'un coup de canon dans un combat naval en 1758.

PAZY (de), capitaine du régiment des bombardiers, blessé au siége de Mayence en septembre 1689.

PÉ-D'ORVAULT (Louis-Léon du), chevalier de Saint-Louis, lieutenant de vaisseau et major de l'escadre bleue, fut tué devant la baye de Chesapeack, le 5 septembre 1781, dans le combat du comte de Grasse contre l'amiral Howe.

PÉAN (le sr de), chevalier de Saint-Louis, lieutenant de vaisseau et commandant la *Consolante*, tué dans le combat du bailly de Suffren aux Indes, devant Trinquemalay, le 3 septembre 1782, contre sir Edward Hugues.

PÉCAULD (Philibert), lieutenant au régiment de Toulon, tué au siége de Landau, sous Louis XIV.

PÉCAULD (Just), capitaine au régiment Dauphin, reçut trois blessures considérables en Hongrie, où il servoit dans le corps des volontaires françois commandés par le comte de Ligniville.

PÉCAULD (Philippes), son frère, lieutenant de cavallerie, tué à l'assaut de la ville de Bude.

PÉCAULD (Léonce), son autre frère, lieutenant d'infanterie, tué à la bataille du pont d'Essex.

PÉCAULD (Louis-Gilles), autre frère, capitaine commandant les carabiniers du régiment de Germinois, fut tué en 1706 près de Lérida, à l'attaque des retranchements de Ninuos.

PÉCAULD (Claude-François), seigneur de Longueville, chevalier de Saint-Louis et capitaine au régiment de Nice, fut blessé dangereusement à la bataille de Raucoux en 1746.

PÉCHAUT (le s^r de) est tué au siége de Tortone, décembre 1642.

PÉCHEUX (Charles-Marie le), sous-lieutenant dans les volontaires de Hainaut puis capitaine à la suite dans le 4e régiment des chasseurs, blessé à l'affaire d'Amembourg en 1762.

PÉCHÉGAILLARD (le s^r de), capitaine, est blessé au siége de Roses, mai 1644.

PECHPEYROU (Gaillard de), seigneur de Pechpeyrou, tué à la bataille de Crécy en 1346 (édit. de Morery de 1725, art. de cette maison).

PECHPEYROU (Henry de), seigneur de Pechpeyrou, baron de Beaucarré, lieutenant de la compagnie de cent hommes d'armes du vicomte de Pompadour, mourut des blessures qu'il reçut en 1563 à la bataille de Jarnac.

PECHPEYROU DE COMINGES (Michel de) fut tué en Savoye, à la retraite de Saint-Maurice.

PECHPEYROU DE COMINGES (Charles de), chevalier de Malte

et capitaine au régiment des Isles, tué à Bordeaux lors des guerres civiles de la Guyenne.

PECHPEYROU (le sr Guitaut de), chevau-léger de la compagnie du cardinal de Richelieu, est blessé le 21 octobre 1636, devant Corbie.

PECHPEYROU (le sr de Guitaut de), commandant la compagnie des chevau-légers du prince de Condé, est blessé et fait prisonnier le 20 août 1648, à la première attaque de l'armée ennemie, avant la bataille de Lens.

PECHPEYROU (N..... de), comte de Guitaut, capitaine des gardes de la reine, reçut un grand coup de mousquet dans le corps, au combat de la porte Saint-Antoine, en 1652.

PECHPEYROU (le sr de), marquis de Comminge, colonel de cavalerie, reçoit trois blessures dans un combat où le duc de Luxembourg défait, le 3 juin 1676, les troupes allemandes et lorraines.

PECHPEYROU, comte de Comminge, capitaine, est blessé dans l'affaire du 4 décembre 1757, entre le marquis de Caraman et un corps de cavalerie hanovrienne.

PÉCLOVELLE (le sr de), capitaine au régiment de Piémont, blessé à la bataille d'Oudenarde en 1708.

PÉDAMOUR (le sr de), capitaine au régiment de Picardie, blessé à la bataille de Rocroy en 1643.

PÉDAMOUR (le sr de), capitaine au régiment de Picardie, est blessé à la bataille de Rocroy, mai 1643, l'est encore au siége de Graveline, juillet 1644.

> Nous ne savons si c'est le même Pédamour qui défendit avec beaucoup de courage et de constance, en septembre 1638, le château de Lunéville dont il étoit alors gouverneur.

PÉDEMONT (Pierre de), chevalier de Saint-Louis, lieutenant-colonel du régiment de la Marche-prince et bri-

gadier des armées du roy, tué le 2 juillet 1761 à la tête des
volontaires de l'armée, à une attaque des ennemis soutenue
par le comte d'Apchon près du ruisseau de Sisech.

PEDEMONT-LEFERRIER (le s^r), mousquetaire du roy de la 2^e
compagnie, blessé à la bataille d'Ettingen, 1743.

PEDESTROFF (les s^rs) sont blessés dans une sortie que la
garnison de Lérida fit sur l'armée du prince de Condé,
juin 1647.

PEGHOUSE (le s^r de), lieutenant au régiment de Piémont,
blessé à la bataille de Malplaquet en 1709.

PEGUILHAU (François de), vicomte de Labaist, baron de Bel-
bèze, eut une cuisse cassée d'un coup de feu dans les guerres
de Louis XIV.

PEHU (François de), seigneur de Longueul, maréchal des
logis de la compagnie des grenadiers du duc de Longueville,
reçut une arquebusade à travers le corps à la prise de
Ham en 1595.

PEHU (Philippes de), seigneur de la Motte, fut blessé
à la jambe d'un coup de canon au siége d'Amiens en 1597.

PEJOUX (le s^r de), chevalier de Saint-Louis, capitaine au
régiment de Piémont, blessé aux batailles d'Oudenarde et
de Malplaquet en 1708 et 1709, fut tué au siége de Prague
en 1742.

PEIRAU (Jean-Jacques), seigneur de Cartelet, obtint une
attestation de M. de Montpeiroux, mestre de camp d'un
régiment d'infanterie, portant qu'étant enseigne dans son
régiment, il reçut une mousquetade au siége de Mauçon,
dont il resta aveugle (ne seroit-ce pas au siége de Mauçon
en 1707?).

PEIRARDI (V. PIERARDI.)

Peisser (le s^r de), lieutenant au régiment de Saint-Germain, blessé à la cuisse à la bataille de Minden en 1757.

Pelagriée (Louis de), baron de Montagudet, chevalier de l'ordre du roy et gentilhomme ordinaire de sa chambre, est cité dans une histoire des troubles imprimée à Bâle en 1578 au nombre *des braves et vaillans hommes* du parti catholique qui furent tués au siége de la Rochelle où ils avoient du commandement.

Il ne put qu'y avoir été blessé puisqu'il ne fit son testament qu'un 1581.

Pélagrue (le s^r de), capitaine au régiment d'Eu, est blessé à la bataille de Hastembeck, août 1757.

Pelé (François), seigneur de Landebry, gouverneur de Sablé; cette ville ayant été surprise par trahison en 1593, il voulut se sauver et se jeta du haut d'une tour dans le fossé; mais, s'étant cassé une cuisse en tombant, il fut pris et tué par le capitaine Plan, qui étoit à la tête des troupes ennemies.

Pelet (Jean), seigneur de Majones, tué au service du roy en Gévaudan en 1578.

Pelet (Antoine), seigneur de Rousses, capitaine au régiment de la Marche, tué au siége de Philisbourg en 1688.

Pelet (Antoine), son frère, seigneur de Montmirat, tué aussy au service en 1579.

Pelet (Hector), seigneur de Montcamp, lieutenant au régiment de Bourbonnois, tué d'un coup de fusil dans la mâchoire dans une action sous Louis XIV.

Pelet de Narbonne (François), capitaine d'infanterie, tué au siége de Prague en 1742.

Pelet de Salgas (Anne-Joachim), chevalier de Malte,

colonel aux grenadiers de France, tué en Hesse à la journée du 24 juin 1762.

PELETIER (Jean-Anne-Crépin), chevalier de Saint-Louis, lieutenant au régiment de la Reine dragon, puis major et commandant au château de Carcassonne, fut blessé de deux coups de canon à la bataille de Plaisance en 1766; un boulet de l'un lui emporta le gras de la jambe, et la mitraille de l'autre luy fracassa la même jambe.

PELESERY (le sr), lieutenant au régiment de Piémont, fut tué et mourut peu de jours après les blessures qu'il reçut à la bataille de Rosback en 1757.

PELISSIER (Joseph-Etienne de), capitaine d'infanterie, quitta le service sous Louis XIV à raison de ses blessures.

PELISSIER (le sr de), capitaine au régiment d'Aumont, fut blessé dangereusement à la bataille de Minden eu 1759.

PELISSIER (Jean-Joseph de), d'abord capitaine au régiment de Narat, commandant à Simiane et à Saint-Christal pendant la peste de 1720, puis exempt des gardes du corps et chevalier de Saint-Louis, obtint les invalides en 1767 à raison de ses blessures et mourut le 24 juin 1765.

PELLEFIGUE (le capitaine), tué au siége de Montauban 1563 (de Thou).

PELLEGARS (Etienne de), capitaine au régiment d'Angoumois, tué dans les guerres de Louis XIV.

Les mémoires de cette famille citent un Charles de Pellégars qui fu tué à la bataille de Perpignan sous Charles VII.

PELLEGRINT DE PRESLE, enseigne de vaisseaux, du port d Toulon, noyé près le Détroit, sur le *Sage*, commandé pa M. de la Guiche, le 19 avril 1692.

PELLEPORT (le sr de), cornette de la compagnie du sieu

de Faber, est blessé au combat de Quiers en Italie, le 20 novembre 1639.

PELLEPORT (le sr de) est blessé à la bataille de Staffarde, 1690; il est créé chevalier de Saint-Louis en 1694.

PELLERIN (Marc-Antoine-François le), marquis de Gauville, chevalier de Saint-Louis, capitaine aux gardes françoises, et lieutenant général des armées du roy, gouverneur de Neuf-Brisack, blessé à la bataille d'Ettingen en 1743. (V. M. de GAUVILLE tué au siége de Gravelines en 1664, au cas qu'il soit de cette famille.)

PELLEVÉ (Gilles de), seigneur de Rebets, chevalier de l'ordre du roy, l'un de ses écuyers et enseigne de la compagnie des gendarmes du conétable de Montmorency puis du comte de Chaunes, fut tué à la bataille de Saint-Denis en 1567.

PELLEVÉ (Richard de), seigneur de Colligny et du Quêne, capitaine d'une compagnie de chevau-légers, tué à la bataille de Montcontour en 1569.

PELLEVÉ (Jean de), son frère, seigneur de Tracy et de la Landelle, capitaine de trois cents chevau-légers, se signala dans les guerres contre les protestants et fut tué au Port-de-Pilles.

PELLEVÉ (Jean de), baron de Bourris, gentilhomme de la chambre du roy et capitaine d'une compagnie de chevau-légers, eut la cuisse cassée d'une mousquetade au siége de Privas en 1629.

PELLEVÉ (Louis de), son autre frère, marquis de Bourris, mestre de camp d'un régiment de cavallerie et maréchal de bataille, blessé au bras en 1629 à l'attaque des barricades du Pas-de-Suz fut estropié encore d'un bras à la bataille d'Avein en 1635, et fut pris tout couvert de playes à la des-

cente d'Honnecourt en 1642; il mourut en 1665 des blessures qu'il reçut à la bataille de Nortlingue.

PELLEVÉ (Georges de), son frère, marquis de Bourris,
mestre de camp d'un régiment de cavallerie et commandant
toute la cavallerie françoise sous les ordres du duc d'Enghien à la bataille de Nortlingue en 1643, y fut tué.

PELLEVÉ (Emmanuel de), marquis de Bourris (fils du précédent), cornette de la compagnie des gendarmes de la reine,
tué au passage du Rhin en 1672.

PELLEVÉ (Denis de), marquis de Bourris (fils du précédent), cornette de vaisseau, fut tué à l'assaut de Cartagène
en Amérique en 1697. (V. de BOURRY : cet article paroît
avoir trait à Georges ou à Louis du Pellevé, marquis de
Bourris cy-dessus.

PELOUX (Nicolas du), seigneur de Gourdon, chevalier de
l'ordre du roy, gentilhomme ordinaire de sa chambre,
capitaine d'une compagnie de chevau-légers, gouverneur
de Vivarais, gouverneur et bailly d'Annonay, mourut le
21 janvier 1601. On lit dans les Arrêts de Maynard im-
primés à Paris en 1638, p. 2459, qu'il avoit reçu plusieurs
blessures au service du roy et qu'il en avoit été *grandement*
incommodé.

PELOUX (François), gentilhomme dauphinois sous le commandement du baron de Sassenage, tué à la bataille de Verneuil le 6 août 1624.

> Famille du Dauphiné, qui compte encore des représentants. D'argent
> au sautoir dentelé d'azur.

PELOUX (le sr), lieutenant au régiment lyonnois, est blessé
au siége de Luxembourg, juin 1684.

PEMISSION (le sr de), capitaine au régiment de Sainte-
Mesme, est tué le 16 juillet 1653 en se défendant vigoureu-

sement au hameau le Loubert, près de Saint-Sever en Limosin.

PENAGET (le s^r), lieutenant au régiment de Normandie, tué au siége de Tournay en 1745.

PENANCOET (Guillaume de), dit le *comte de Keroüalle*, seigneur de Kerboronne, de la Villeneuve et de Chef-du-Bois, commandant l'arrière-ban de l'évêché de Léon et guidon de la compagnie des gendarmes du cardinal de Richelieu, fut blessé d'un coup de pistolet au siége d'Arras en 1640; il mourut en 1690.

PENANDREF DE KERANSTRET (le s^r de), enseigne de vaisseau, embarqué sur la frégate *la Nimphe*, ayant donné l'ordre d'aborder une frégate anglaise le 10 août 1780, dans une rencontre aux environs d'Ouessant, il y sauta un des premiers, et fut tué à bord de la frégate ennemie.

PENANS (le s^r de), enseigne de vaisseau, est tué dans un combat sur mer avec les Hollandais à Tabaco, 1677.

PENARDIÈRE (le seigneur de), gouverneur de Saint-Gilles, fut blessé à la prise du bourg Saint-Martin, dans l'isle de Rhé, en 1575.

PENET (le s^r), lieutenant au régiment du roy cavalerie, est blessé dangereusement à la bataille de Todenhausen, 1759.

PENET DE VAUBONNET (Louis), chevalier de Saint-Louis, capitaine au régiment de Picardie, ingénieur en chef à Entrevaux, puis à Mont-Dauphin, Montpellier et au canal de communication du port de Cette au Rhône, fut grièvement blessé d'un coup de fusil au siége de Fontarabie.

PENET DE VAUBONNET (Claude-Louis), ingénieur, tué au siége de Coni en 1744.

PENET (le s^r), lieutenant au régiment du roy cavallerie, fut blessé dangereusement à la bataille de Minden en 1759.

Penfentenio (V. de Cheffontaine).

Penhouet du Guermeur, enseigne de vaisseau du port de Brest, mort à Saint-Domingue sur l'*Ardent*, commandé par M. de Beaumont, le 3 janvier 1733.

Penillon (Etienne), seigneur de Courbasson, capitaine au régiment d'Anjou, tué au siége de Courtray sous Louis XIV.

Penmarck (le baron de), capitaine au régiment de Normandie, tué à la bataille de Clostercamps en 1760. Il est nommé de *Peunemart* dans une autre liste.

Pennaneek de Quersalguen, enseigne de vaisseau du port de Brest, tué à Tabago le 3 mars 1677.

Pennard (le s^r), lieutenant au régiment de la Tour du Pin, blessé au siége d'Hulst en 1747.

Penne (le s^r de), tué en 1562 dans un combat contre les protestants. M. de Thou dit qu'il était frère du s^r de Savignac.

Penotière (le s^r de la), lieutenant au régiment de Touraine, blessé à la bataille de Minden en 1759.

Penquer (le s^r), officier auxiliaire, tué dans le combat de *la Surveillante* le 7 octobre 1779 aux environs d'Ouessant contre une frégate anglaise.

Penverne le Maran (de), enseigne de vaisseau du port de Brest, mort au Cap sur la *Gloire*, commandée par M. Radouay, le 1er septembre 1728.

Péopanché (le s^r de), capitaine au régiment de Turenne, est tué au siége de Spire en 1635.

Pepaut (le s^r de), cornette au régiment de Saluces, blessé et fait prisonnier à la bataille de Rosbac en 1757.

PEPIN (le s^r), capitaine au régiment de Picardie, tué à la bataille de Malplaquet en 1709.

PEPIN DE MAISONNEUVE, originaire de Champagne, capitaine de vaisseau, 1er may 1741, blessé à la jambe gauche sur l'*Ardent*, commandé par M. d'Espinay. — Blessé encore aux jambes sur le *Vigilant*, 1745.

PEPIN (le s^r), lieutenant au régiment suisse de Diesbach, tué à la bataille de Laufeldt en 1747.

PEPIN DE BELLEISLE (Julien), chevalier de Saint-Louis et chef d'escadre des armées navales, reçut 4 blessures sur le *Raisonnable*, dont il était capitaine en second, dans un combat naval en 1758.

PEPPOLI (le comte), tué au siége de Naples en 1528.

PERADE (le sieur de), capitaine au régiment de Piémont, est tué le 11 août 1695 devant Bruxelles.

PERAU (le s^r de), lieutenant au régiment de Picardie, blessé à la bataille de Parme en 1734.

PERAULT (le s^r), capitaine, blessé au siége de la Bassée, mai 1642.

PERAULT (le s^r), ingénieur, est tué au siége de Luxembourg, juin 1684.

PERAULT (le s^r du), capitaine au régiment de Mailly, blessé à la bataille de Rosback en 1757.

PERAY (le s^r du), mousquetaire du roy de la 4e compagnie, tué à la bataille d'Ettingen en 1743.

PERAY (du), enseigne de vaisseau du port de Toulon, mort sur le *Capable*, commandé par M. de Bellefontaine, le 1er ou le 4 mars 1689.

PERCEVAL (le s^r de), ingénieur, blessé d'un coup de mousquet au siége de Thionville en 1643. (*Mercure* de 1643.)

PERCEVAUX (le seigneur de), *vaillant soldat et qui avoit bien fait la guerre* (ainsy s'exprime l'histoire des troubles imprimée à Bâle en 1578 (livre XVI, p. 91), fut tué au siége de Sancerre en 1573.

PERCHE (Rotrou, *comte* du), tué au siége d'Acre en 1191, où il combattit avec beaucoup de valeur.

PERCHERON DE SAINTE-JAMES, lieutenant de vaisseau du port de Rochefort, noyé dans la rivière de Quebeck, commandant le *Chameau*, le 27 aoust 1725.

PERCY, major de la brigade de la Jarre, blessé le 18 août 1690 à la bataille de Staffarde.

PERCY (Guillaume de), maréchal des logis du régiment de ....., fut tué à la même bataille sous Louis XIV.

PERDIDIER ou PERDRIGUIER (le s[r]), ingénieur, est blessé le 22 juin 1734, au siége de Philisbourg; chef des ingénieurs, en 1743, il est tué cette année même au siége de Prague.

PERDIGUET (de), mort des suites d'un coup de biscayne qui lui enlève la cuisse au siége de Prague en septembre 1742.

PERDRIAU (Ami), Genevois, capitaine de grenadiers au régiment de Diesbach suisse, avec rang de colonel, fut blessé à la bataille de Laufeldt en 1747.

PERDRIEL (Robert), seigneur de Bellemare, chevau-léger de la garde du roy, fut blessé à la tête et à la main à la bataille de Blangi, sous Louis XIV.

PEREFIQUE (le chevalier de), lieutenant au régiment de Castres, est tué au siége de Puicerda, juin 1678.

PERELLE (le s[r] de), capitaine au régiment de Piémont, blessé à la bataille de Malplaquet en 1709.

PÉRÉFIXE DE BEAUMONT (Guillaume de), mort des suites des fatigues de la guerre à l'âge de vingt et un ans, 1658.

Il avoit déjà servi en quatre campagnes qui lui avoient mérité d'être nommé huit jours avant sa mort capitaine-lieutenant de la compagnie des chevau-légers de la Reine.

Il étoit neveu du célèbre Hardouin de Péréfixe, précepteur du roi, archevêque de Paris, auteur d'une *Vie de Henri IV* souvent réimprimée. — D'azur à 9 étoiles d'argent 3, 3, 2 et 1.

PERENAUT (le seigneur de), tué en 1570 dans une attaque.

PERET (le s^r), capitaine au régiment de Roquelaure, blessé au combat de Turin le... juillet 1540.

PEREZOLLE (le s^r de), capitaine au régiment de Piémont, tué au siége de Charleroy en 1693.

PERICHON (le s^r de), chevalier de Saint-Louis, chef de bataillon, puis major du régiment d'Auvergne, blessé à la bataille de Clostercamps en 1760.

VITAL (Perier), chevalier de Saint-Louis, capitaine au régiment de Bourbon infanterie, et commandant du palais du Luxembourg à Paris, blessé en 1734 au passage de la Senia, le fut encore dangereusement en 1744 au combat de Weissembourg à l'attaque du village des Picards qui fut emporté la bayonnette au bout du fusil par la brigade de Bourbon.

Il avoit eu deux oncles capitaines d'infanterie, tués dans les guerres de Louis XIV; mais on ignore s'ils portoient le même nom.

PERRIER (le s^r) servit pendant près de vingt ans dans le régiment de Castries infanterie, et y reçut 14 blessures considérables, dont une au siége de Bonn, pour laquelle il fut trépané, ayant reçu un coup de sabre sur la tête; au choc de Nice et à la bataille d'Asenkerque il reçut aussy deux blessures très-dangereuses, l'une d'un coup de bayonnette à travers le corps et l'autre d'un coup de feu qui lui fracassa tellement la main gauche, que pendant toute sa vie il ne put faire usage que de deux doigts; étant premier fonctionnaire de son régiment, il fut encore blessé d'un coup de fusil dans le genou gauche qui, l'ayant obligé de porter des béquilles pendant cinq ans, le mit dans la nécessité de se retirer.

PERIER (Etienne de), chevalier de Saint-Louis, capitaine de vaisseau et commandant la marine à Dunkerque, se trouva à 22 combats et fut blessé deux fois; en 1689, il se rendit maître de plusieurs vaisseaux ennemis à l'abordage, et fit sauter en l'air un garde-côte anglois de 40 canons; il fut encore blessé dans cette occasion.

PERIER (l'aîné), chef d'escadre 17 may 1751, blessé sur le *Salisbury*, commandé par M. de Saint-Pol, reçut un coup de fusil dans le bras droit sur le *Mars*, commandé par M. de Forbin.

PERIER DE SALVEST, frère du chef d'escadre, bon officier, sachant bien son métier, chef d'escadre 1er septembre 1752, blessé à l'épaule sur le *Prothée*, 1757? (Cette dernière date n'est pas certaine.)

PERRIER (le sr), capitaine de grenadiers au régiment de Wiltmer suisse, blessé à la bataille de Rosback en 1757.

PERRIER (Daniel du), capitaine au régiment de Tonneins, fut tué en Italie.

PERRIER (Jacob du), son frère, enseigne-colonel du régiment de Bethune, tué à la bataille des Dunes en 1658.

PERRIER (Théophile du), son autre frère, seigneur de Claverie et de Bentayon, capitaine au régiment d'Hocquincourt, quitta le service en 1659 après s'être trouvé à différens siéges et batailles où il reçut plusieurs blessures.

PERRIER (Jean-Baptiste du), sous-lieutenant des gendarmes de Bourgogne, tué à la bataille d'Hochtet en 1704.

PERRIER (le sr du), chevalier de Saint-Louis, capitaine au

régiment de Piémont, puis ayde major à l'hôtel royal des Invalides, blessé au siége de Prague en 1742 et à la bataille d'Ettingen en 1743.

PERRIER (le sr du), lieutenant au régiment de Bretagne, tué au siége du fort Saint-Philippes en 1756.

PERIERS (Jean de) périt dans la retraite de Sandouck en 1458.

PERIENÉE (La), capitaine au régiment Cambresir, blessé à la bataille de Staffarde le 18 août 1690.

PERIGNON (le sr de), lieutenant au régiment colonel général cavalerie, est blessé et fait prisonnier à la bataille de Todenhausen en 1759.

PÉRIGNON (le sr de), aide-major du régiment de Batilli, est tué au siége de Tortone, 7 décembre 1642.

PÉRIGNI (le sr de), capitaine au régiment de Picardie, tué au siége de Lille en 1667.

PÉRIGNY (le sr de), blessé au siége de Courtray le... novembre 1683.

PERILLE (le sr de), son neveu, capitaine au même régiment, tué à la bataille de Fontenoy en 1745.

PERISSANT (Jacob de), chevalier de Saint-Louis, lieutenant-colonel du régiment de Piémont, brigadier des armées du roi, lieutenant du roi à Fribourg, à Sedan et à Metz, blessé à la bataille d'Oudenarde en 1708 et à la défense de Doüay en 1710, mourut le 6 janvier 1731.

PERLET (le sr), lieutenant de grenadiers au régiment de Surbeck suisse, fut dangereusement blessé au siége de Landau en 1703.

PERMENGLE (le sr de), maréchal des logis des chevaulégers de la garde, est blessé au siége de Maestricht, juillet

1673. — Depuis gouverneur de la ville et cité de Limoges après cinquante-cinq ans de bons et loyaux services.

PERNAY (le sr de), ingénieur blessé au siége de Palerme et fait major de cette ville après la reddition de la place, par le maréchal de Noailles.

PERNES (Georges-Anne-Louis de), comte d'Espinal, chevalier de Saint-Louis, officier supérieur de gendarmerie, brigadier des armées du roy, et premier gentilhomme de la chambre de M. le Duc, reçut 3 blessures à la bataille de la Marsaille en 1693, l'une d'un coup de cartouche qui lui perça l'épaule, et l'autre d'un coup de mousquet à la jambe; il eut aussy son cheval tué sous luy.

PERIGNY (le sr de), chevalier de Saint-Louis et lieutenant-colonel du régiment Royal vaisseaux, blessé à la bataille de Luzara en 1702, le fut encore gravement dans la campagne d'Espagne en 1715 et fut tué à Galinkisken en Autriche en 1742.

PERNON-DES-BALMES (Jacques), chevalier de Saint-Louis, major du régiment d'Archiac, depuis régiment du Roi cavalerie, avec rang de lieutenant-colonel, blessé à la bataille de Minden en 1759, quitta le service en 1766.

PERNON (le sr de), lieutenant au régiment de Piémont, fut tué ou mourut des blessures qu'il reçut à la bataille de Rosback en 1757.

PERNON (le sr de), lieutenant au même régiment, tué à la bataille de Berghen en 1759.

PERNON (le sr de), aussi lieutenant au même régiment, blessé à la même bataille.

PERNOT, lieutenant du régiment des Beauvais, blessé au siége de Mayence en septembre 1689.

PERON (Augustin), enseigne de vaisseau amiral et enseigne-colonel de l'infanterie des vaisseaux à Gigery, fut tué à cette expédition en 1664.

Peron (le sr du), lieutenant des volontaires, tué au siége de Savanna en 1779.

Péronnelle (le sr de), sous-brigadier des gardes du corps, blessé à la bataille de Malplaquet en 1709.

Peronelle (le sr de). aussi sous-brigadier des gardes du corps, tué à la même bataille.

Perotte (le sr), lieutenant aux gardes suisses, blessé à la bataille de Seneff en 1674.

Perouse (le capitaine Franciosino de) fut tué à la bataille de Moncontour en 1649. (De Thou.)

Perouze (de la), lieutenant du régiment des bombardiers, blessé au siége de Mayence en septembre 1689.

Peroux (le chevalier de), officier au régiment de Mailly, blessé à la bataille de Raucoux en 1746.

Perrache (Honoré-François de), dit le *chevalier d'Ampus*, chevalier de Saint-Louis, chef de bataillon au régiment de Bourbonnais, puis lieutenant-colonel de celui de Languedoc et maréchal de camp en 1780, blessé en 1763 à la retraite de Dekendorff, et en 1764 au siége d'Ypres, le fut encore au combat de Warbourg en 1760.

Perrault (Philibert), seigneur de Sailly, gendarme de la compagnie de Monsieur frère du roy, fut grièvement blessé d'une mousquetade dans une affaire d'après une attestation qui lui en fut délivrée le 8 décembre 1639.

Perray (le sr du), capitaine au régiment de Piémont, blessé au siége de Maëstrick en 1676.

Perré (le sr), lieutenant au régiment de la Chastre, blessé au siége de Luxembourg, juin 1684.

PERREAU (Médard), chevalier de Saint-Louis, sous-lieutenant de grenadiers au régiment d'Ourroy et aide-major de la place à Rochefort, fut enseveli au siège de Prague, en 1742, sous un mur de pierres sèches qu'une bombe fit écrouler sous lui et fut frappé de 5 coups de fusil à l'attaque des retranchements de Montablan en 1744, dont deux seulement le blessèrent légèrement au bras droit et à la cuisse.

PERRERE (de la) (V. de la PAIRERE.)

PERRIEN (Pierre de), marquis de *Crenan*, chevalier de Saint-Louis, colonel du régiment de la Reine, puis lieutenant général des armées du roi, gouverneur de Condé et de Casal, et commandant à Crémone, eut l'épaule fracassée d'un coup de mousquet au siège de cette ville en 1702, et mourut de cette blessure le 9 février de la même année, en disant : *J'ai reçu les sacremens et Crémone est au roi, je meurs content.*

PERRET (le s^r), commandant cent dragons du régiment d'Arzilliers, est blessé au siège de Turin, juin 1640.

PERRIÈRE (de), enseigne de vaisseau du port de Brest, est tué à Nives sur l'*Apollon*, commandé par M. Guiment du Coudray, le 22 mars 1706.

PERRIN (le s^r), lieutenant au régiment de Champagne, blessé à la bataille de Guastalla en 1734.

PERRIN (le s^r de), capitaine au régiment de Sault, blessé au siège de Roses, mai 1645.

PERRIN (le s^r), officier au régiment de Normandie, tué au siège de Grave en 1674.

PERRIN-DE-LA-BESSIÈRE (Jean-François de), chevalier d Saint-Louis, capitaine de grenadiers au régiment de Rou ergue, blessé de trois coups de feu et de deux coups de sabre la bataille de Minden en 1759, en resta estropié d'un bras.

PERRIN (Henry de), son frère, dit le *chevalier de la Bessière*, chevalier de Saint-Louis et major du même régiment, blessé légèrement d'un coup de feu au siége de Philisbourg, reçut encore au combat de Warbourg, en 1760, un coup de fusil qui frappa sur sa giberne et lui occasionna une contusion à la hanche gauche. Il mourut à Bar-le-Duc en 178..

PERROIS (Robert de), seigneur de Bouchaut, exempt des gardes du corps, fut tué sous Louis XIV, servant à la tête du régiment de la Force.

PERROLEAU DE GRANDSHAMPS, lieutenant de vaisseau au port de Rochefort, mort à la Louisiane, commandant le *Profond*, le 24 septembre 1739.

PERROT (Nicolas), capitaine au régiment du Maine, se retira du service en 1697 à raison de ses blessures et de son grand âge.

PERROT (Nicolas), son fils, chevalier de Saint-Louis et major du même régiment de cavalerie, blessé dangereusement d'un coup de feu à la bataille de Fleurus en 1690, le fut encore gravement d'un coup de canon à celle de Ramillies en 1706.

PERROY (le sr du), capitaine au régiment depuis Guyenne, fut blessé dangereusement en 1645 au siége de Roses, où il fit des prodiges de valeur ainsi que son frère qui y fut haché en pièces.

PERRY (de), enseigne de vaisseau, mort des suites de blessures aux Isles en 1698.

PERSEN (le marquis de) est blessé en combattant à la tête de son régiment à la bataille de Rocroy, mai 1643. Il a un cheval tué sous lui d'un coup de canon dans une escarmouche devant Ypres, juin 1640, et est encore blessé dans

7

une déroute des ennemis près de Béthune, le 15 août de la même année.

Perseval (le s^r), ingénieur, est blessé le 15 juillet 1643 au siége de Thionville.

Persigny (le s^r de), capitaine au régiment de la Reine, est blessé et fait prisonnier le 26 septembre dans une rencontre avec les Espagnols, près de Girone, octobre 1653.

Persot (le s^r de), est blessé dangereusement d'un coup de canon à la prise d'une demi-lune de Danvilliers, octobre 1637.

Persot-Salis (le s^r), gendarme de la garde du roi, blessé au combat de Leuze en 1691.

Persy-du-Clos (de), enseigne du vaisseau du port de Port-Louis, tué aux Isles, sur la *Renommée*, commandée par M. de Saujon, le (24 juin 1703.)

Perthe (le s^r de), capitaine au régiment de Picardie, tué à la bataille de Parme en 1734.

Perthuis (Edme de), seigneur de Laillevaut, capitaine au régiment royal vaisseau, blessé à la bataille de Seneff en 1674, fut obligé de quitter le service en 1680 à raison de deux blessures considérables qu'il avait reçues à la tête et à la jambe; il eut aussi trois frères tués dans les guerres de Louis XIV.

Perticot (Antoine de) chevalier de Saint-Louis et capitaine exempt des gardes du corps, fut blessé d'un coup de feu à la cuisse en combattant avec une valeur remarquable dans une attaque près de Mayence en 1690; il le fut encore à la bataille de Steinkerque en 1692 d'un coup de mousquet au bras, à celle de Nervinde en 1693 d'un coup de sabre à la main gauche, et au combat d'Oudenarde en 1708 d'un coup de feu à l'estomac.

PERU (le chevalier du), lieutenant au régiment de la Marche, blessé à la bataille de Minden en 1759.

PERUCHES (le s^r des), chevau-léger de la garde du roi, blessé à la bataille d'Ethingen en 1743.

PÉRUSSE D'ESCARS (le chevalier), lieutenant dans le régiment de cavalerie du duc d'Orléans après le siége de Mardik, où il se distingue en cette qualité, est blessé au siége de Bourbourg, août 1645, l'est encore à celui de Dunkerque, octobre 1646.

Nous retrouvons sous ces diverses désignations le sieur d'Escars, maréchal de bataille, blessé dans une escarmouche entre les troupes du roi et celles d'Espagne aux environs de Steinwers, septembre 1646.

PÉRUSSE D'ESCARS (le comte), du parti du prince de Condé, blessé à mort le 2 juillet 1652 à l'attaque d'un retranchement des troupes du roi hors la fausse porte Saint-Antoine près Paris.

PERUSSIS ou de PERUZZIS (Pierre de), capitaine d'une compagnie d'infanterie, tué au siége de Mourmoiron en 1563.

PERUZZIS (Louis, dit le comte de), chevalier de Saint-Louis, capitaine de vaisseau, gouverneur de la tour et du pont de Villeneuve lez Avignon, eut la cuisse cassée en deux endroits d'un coup de feu au bombardement de Gennes en 1684, et l'on fut obligé de lui en faire l'amputation.

PERUZZIS (François de), son frère, capitaine d'une compagnie de chevau-légers, fut blessé à la cuisse, le 1er mars 1563 au siége de Camaret dans le Comtat, renversé de son cheval et enseveli sous un tas de pierres que lui jettèrent les assiégés, mais il en réchappa par les prompts secours qu'on lui apporta.

PERUZZIS (Jean-François de), officier de vaisseaux, tué au combat de Malaga en 1704.

PERUZZIS (N... de), enseigne de vaisseaux, blessé sur le *Foudroyant* dans le combat du Ministre de la Gallissonnière et de l'amiral Byng, près de l'Isle Minorque, le 20 may 1756.

PERY (Gurmion), écuyer, tué à la bataille de Poitiers en 1356.

PERZEFOIRE (le s^r), gendarme de la garde du Roy, blessé au combat de Leuze en 1691.

PESCHE (le s^r de), officier au régiment de Piémont, fut culbuté du haut de la brèche dans le fossé au siége de Turin, en 1706.

PESSELIÈRE (le s^r de), gouverneur de Saverne, et le sieur de Pesselière son fils sont blessés au combat de Fribourg, août 1644.

PESTEL (le chevalier de), enseigne aux gardes françoises, tué à la bataille de Consarbrick, en 1675.

PESTEL (le s^r de), mousquetaire de la garde du roy, eut une jambe cassée au siége de Mons, en 1671.

PESTIVIEN (le baron de), ayde d'artillerie, du port de Brest, mort à la Louisianne, le 16 aoust 1739.

PETEL D'ESCALIER (Jean-Baptiste-Arsène), chevalier de Saint-Louis, capitaine au régiment de la Marck, puis colonel attaché au régiment allemand d'Anhalt, ayde major général des logis de l'armée et maréchal de camp en 1788, fut blessé à la bataille de Rosback en 1757.

PETERSAGE (le s^r), capitaine au régiment de Fustemberg, est tué au siége de Puicerda, juin 1678.

PETERSDORF (le s^r de) l'aîné, a la jambe emportée d'un coup de canon devant Lérida, juin 1647, et le sieur Petersdorf le jeune y est blessé d'un coup de mousquet à la tête.

PETILA (*le fils du comte de*) fut tué à la bataille de Marignan en 1545, d'après les *Annales d'Aquitaine*.

Ce doit être *de Pétillan*, de la maison des Ursins.

PETIT (le s^r), enseigne de la milice de Bourgogne, est tué le 2 septembre 1636 en repoussant les ennemis dans le voisinage de Mirebeau.

PETIT (le s^r), maître particulier des eaux et forêts de Saint-Dizier, est blessé à la défaite d'un parti de Croates, aux environs de la ville; il meurt le lendemain de sa blessure, juin 1642.

PETIT (le s^r), lieutenant au régiment de Picardie, tué au siége de Thionville en 1643.

PETIT (le s^r), sous-lieutenant au régiment de Navarre, blessé d'un coup de feu à une jambe à la bataille d'Hastembeck, en 1757.

PETIT (Pierre), seigneur de la Montagne, chevalier de l'ordre du roy, conseiller en ses conseils, gentilhomme ordinaire de sa chambre et capitaine général des guides de France, reçut à l'assaut de la ville de Sens un coup de pique dont il fut renversé du haut de la brèche en bas; il fut encore blessé en d'autres actions et mourut le 17 may 1641.

PETIT (le s^r), aide de camp, est blessé à la descente de Gigéry, en Afrique, août 1664.

PETIT-BORT (le s^r), capitaine de fuseliers, est grièvement blessé au siége de Maestricht, juillet 1673.

PETIT DE MAUBUISSON (Philippe-Gilbert), dit le *baron de Bosseck*, lieutenant au régiment de Royal suédois, tué au siége de Philisbourg en 1734.

PETIT (le s^r le), capitaine au régiment de Saint-Chamond,

puis dans celuy de Dauphiné, blessé à la bataille de Rosback, en 1757.

PETITFRÈRE (le s^r la), lieutenant au régiment royal des
vaisseaux, blessé au combat de Leuffen, en 1674.

PETIT-HENRY (le s^r), enseigne au régiment de Surbeck
suisse, blessé au siége de Landau, en 1713.

PETIT-THOUARS (du). Voy. AUBERT.

PETITIÈRE (de la), aide-major du régiment de Crussol,
blessé à la défense de Mayence par le maréchal d'Uxelle, au
mois de septembre 1689.

PETITO (le s^r), capitaine commandant la compagnie de
Zarlauben au régiment de Vieux-Stuppa, tué à la bataille de
Nervinde, en 1693.

PETITOT (le s^r), capitaine de grenadiers, a une jambe emportée d'un boulet de canon à l'attaque d'un ouvrage sur
la chaussée d'Aerdemburg, avril 1747.

PETITOT (Jean-Jacques), chevalier de Saint-Louis, capitaine commandant au régiment d'Eu, depuis du maréchal
de Turenne, blessé à la bataille d'Hastembeck en 1757 et
quitta le service en 1775.

PETITOT (le s^r), chevalier de Saint-Louis et lieutenant au
régiment de Champagne, blessé au siége de Savannah
en 1779.

PETITVILLE (le s^r de), capitaine au régiment de Florinville
(Normandie), blessé au siége de Coni en 1641 et à celui de
Tortone, décembre 1642.

PETOUT (le s^r), mousquetaire de la garde du roy, blessé
au siége de Maëstrick en 1673.

PETREMAND DE VALAY (Philippe de), chevalier de Saint-
Louis, major des cuirassiers, eut le bras cassé à la bataille

d'Ettingen, en 1743, fut encore blessé à celle de Lutzelberg en 1758, et quitta le service en 1765.

PETREMANN (le chevalier de), chevalier de Saint-Louis, premier capitaine au régiment de Champagne, puis lieutenant de roy de Montmedi, blessé à la bataille de Parme, en 1734.

PETROT DE LILLE (Jean), chevalier de Saint-Louis, capitaine de grenadiers au régiment de Grassin, puis commandant de bataillon avec rang de lieutenant-colonel dans la légion de Hainaut. Lieutenant-colonel du régiment provincial d'Arras, et enfin lieutenant-colonel commandant le bataillon de garnison de Flandres, fut blessé dans cinq actions.

PEYDIERE (de la), ayde major des armées navalles du port de Brest, mort à la Havanne sur le *Solide,* le 7 juin 1702.

PEYDIERE (le chevalier de la), ayde major, lieutenant de vaisseau du port de Brest, mort à la Havanne sur le *Solide,* le 7 juillet 1702.

PEVREL (Guillaume), surnommé le grand Pevrel, père de Cauchois, sire de Montérollier, connu par sa valeur, tué devant Harfleur en 1435, après avoir chassé les Anglois pour la seconde fois.

PEVREL (Robert de), seigneur d'Offrainville, tué au siége de Gerberoy, d'après l'*Histoire de Normandie,* qui le désigne sous le nom de *sire de Monteirollier.*

PEVREL (François de), seigneur de Monteirollier, enseigne d'une compagnie d'ordonnance, tué au siége de Gravelines, sous Henry II.

Noble et ancienne famille, dont un cadet, Huveline Pevrel, s'établit en Normandie en 1094, et fut gouverneur d'Argenton, s'est fondue dans la maison de Saint-Aignan, au diocèse de Séez. — D'or, au lion issant de gueules, fretté d'azur.

PEYER (le s^r), sous-lieutenant au régiment de Surbeck, tué au combat de Denain, en 1712.

PEYRADE (le s^r de la), capitaine au régiment de Piémont, tué à la bataille de Nervinde, en 1693.

PEYRAT (le s^r de), capitaine au régiment de la Frezelière, est tué le 10 novembre 1636 à la défaite de l'armée espagnole du Milanez, à Morbegne, dans la Valteline.

PEYRE (Pierre-Arnaud de), seigneur de Troisvilles ou de Treville, major du régiment de Normandie, tué au siége de Salees, le 19 juillet 1639, en Roussillon.

PEYRE (le comte de), capitaine des carabiniers, est blessé d'un coup de bayonnette à la bataille de Todenhausen, août 1759.

PEYRE (le marquis de), colonel dans le régiment des grenadiers de France, est blessé et fait prisonnier à l'affaire du 24 juin 1762, près de Cassel.

PEYRE (Henry-Joseph de), comte de Troisvilles, cornette de la 1re compagnie des mousquetaires, colonel d'un régiment d'infanterie et gouverneur de Foix, blessé de deux coups de feu au siége de Candie, mourut à Paris le 13 août 1708.

PEYRE (Gaspard de la), baron de la Peyre, seigneur de Lanne, chevalier de Saint-Louis, capitaine aux gardes françoises avec rang de colonel, et brigadier des armées du roy, mourut le 30 may 1705 des blessures qu'il reçut à la bataille de Fontenoy.

PEYRELONGUE (Pierre de), lieutenant au régiment de Picardie, tué au siége de Maëstrick, sous Louis XIV.

PEYRELONGUE (David de), son frère, chevalier de Saint-Louis, maréchal des logis et premier ayde major de la 2e compagnie des mousquetaires, fut blessé à la bataille de

Ramillies, en 1706, de deux coups de pistolet à l'épaule, de deux coups de sabre à la tête, et de deux coups de pistolet sans balles dans les yeux, dont la poudre le rendit pendant quelque tems aveugle. Louis XIV, passant la revuë de sa maison dans la plaine d'Achéres, le 12 août 1687, le cheval sur lequel il étoit monté mit les branches de sa bride dans son poitrail, ce qui le fit cabrer avec tant d'effort que le roy eut été renversé si M. de Peyrelongue, qui se trouva heureusement à portée de le tirer de cet embarras, n'avoit eu le courage et la force de le prendre par-dessous le bras et de le mettre à terre, sans autre accident.

PEYRELONGUE (le chevalier de), officier d'artillerie, blessé au combat du comte d'Estaing contre l'amiral Byron, près de la Grenade, le 6 juillet 1779.

PEYRERE (le sr de la), officier aux gardes françoises, tué à la bataille de Fontenoy, en 1745.

PEYRIGNON (Mathurin), chevalier de Saint-Louis et quartier-maître trésorier au régiment Dauphin avec rang de lieutenant, fut blessé à la bataille de Plaisance, en 1746.

PEYROUX (Jacques du), seigneur de la Ribiere, perdit une jambe au service sous le règne de Charles IX.

PEYROUX (Gilbert du), seigneur des Moraux, capitaine d'une compagnie d'infanterie, tué à l'armée de Perpignan (l'on suppose que ce fut au siége de 1642).

PEYROUX (Étienne, Henry et Gilbert du) frères, lieutenants au régiment de la Marche, furent tués dans la guerre d'Espagne.

PEYROUX (Sylvain du), officier au régiment royal-la-marine, tué à la bataille de Denain, en 1712.

PEYROUX (Antoine du), son frère, seigneur de la Barge et

de Salmagne, officier au même régiment, fut blessé à la même bataille et quitta le service en 1721.

PEYROUX (François du), seigneur du Plaix, capitaine au régiment de Bassigny, tué au débarquement de Dantzick, en 1734.

PEYROUX (Louis du), seigneur de Buxière et de Goutière, lieutenant au régiment de Grassin-dragons, fut blessé deux fois et dangereusement.

PEYROUX (Guy du), marquis des Granges de la Forêt et de la Lande Fonteny, chevalier de Saint-Louis et capitaine au régiment Dauphin-dragons, eut une jambe emportée à l'affaire d'Hoya en 1758, commandant un piquet à la tête duquel il arrêta pendant plus d'une heure une colonne d'Hanovriens et mourut de ses blessures en 1759 ou 1760.

PEYSSONNEL (Jacques), tué à la bataille de Cerisolles, en 1544.

PEYSSONNEL (Ambroise de) fut tué dans une rencontre près de Manosque, en 1590.

PEYSSONNEL (Jacques de), dit de *Bomouillé*, officier au régiment de Peyssonnel dragons, reçut plusieurs blessures en Allemagne où il suivit le grand Dauphin.

PEYZAC (le sr de) est blessé à l'affaire du 8 novembre 1705, devant Asti.

POZERO (le capitaine Bartholomé de), Italien, fut gravement blessé d'une arquebusade au siége de Piance, en Italie, en 1557.

PFIFFER (Gaspard), de Lucerne, capitaine suisse au service du roy, tué au combat de la Bicoque en 1522.

PFIFFER (le colonel), blessé au combat de Seneff en 1674, doit être François Pfiffer, seigneur de Wyhr, capitaine aux gardes suisses, puis colonel d'un régiment de son nom et maréchal de camp, qui mourut à Maubeuge en 1689, âgé de cinquante-cinq ans, criblé de blessures et ayant servi le roy trente-six ans.

PFIFFER (le s^r), capitaine au régiment de Moloudia, Suisse, mort de deux blessures considérables qu'il reçut au siége de Dunkerque en 1646, où il fit des prodiges de valeur.

PHELYLYPEAUX (Augustin), chevalier de Malte et capitaine de galeres, tué près de Vigo en Espagne en 1673.

PHELYPEAUX (Raymond), comte de Saint-Florentin, lieutenant-colonel du régiment colonel général dragons, mourut à Mons au mois d'août 1692 des blessures qu'il reçut à la bataille de Stinkerque.

PHELYPEAUX (Antoine-François), seigneur d'Herbaut, intendant général de la marine, mourut le 7 octobre 1704 de la blessure qu'il reçut au combat naval de Malaga, à côté du comte de Toulouze.

PHELYPEAUX (Henry), son frère, chevalier de Saint-Louis et capitaine de vaisseaux, commandant le *Content*, tué aussi dans le même combat.

PHILARTIC (le s^r), enseigne au régiment de Picardie, blessé au siége de Dole le 14 juin 1636.

PHILIP (Louis), marquis de Saint-Viance, baron de Gramont, seigneur de la ville d'Alassac et d'Olbiac; seigneur de la Bastide, chevalier de Saint-Louis, lieutenant des gardes du corps écossois, maréchal de camp et gouverneur de Coignac, blessé au combat de Kokesberg en 1677, à la bataille de Saint-Denis, et au siége de Kell en 1678; le fut encore au combat de Leuze en 1691 ; il mourut en 1726.

PHILIPPE (Thomas), chevalier, conseiller, chambellan et maître d'hôtel du roy et capitaine de la Mothe, fut tué à la rencontre de Cunégate; mais l'on ne sauroit dire si ce fut en 1479 sous Louis XI ou à la bataille de ce nom, dite la journée des Éperons en 1513 sous Louis XII.

PHILIPPS (colonel) est tué dans un combat donné le 12 mars 1634, entre le duc de Lorraine et le rhingrave Otho-Louis.

PHILIPPE (le sʳ de), lieutenant au régiment de Navarre, blessé à la bataille de Raucoux en 1746 et au siége de Maëstrick en 1748.

PHILMAIN (René de), gentilhomme, servant dans le régiment des gardes françoises, mort au siége de la Rochelle en 1628.

PIA DE SAINT-MARSAL (le baron), chevalier de Saint-Louis, capitaine au régiment de Bourbon infanterie, eut les yeux emportés à l'attaque du village des Picards, près de Weissembourg, en 1744.

PIANCOURT (le commandeur de), capitaine de la galère de *Sainte-Marie*, est tué le 28 août 1644 dans un combat naval contre les Turcs.

PIAT (le sʳ de), lieutenant au régiment de Normandie, est tué le 18 juin 1636 au siége de Oberchenheim.

PIAT (le sʳ), capitaine de grenadiers, est blessé au siége d'Ypres, mars 1678.

PIBLARS (le sʳ de), capitaine de grenadiers au régiment de Bourbonnois, blessé au siége de Maëstrick en 1676, est tué à celui de Luxembourg en 1684.

PIC DE LA MIRANDOLLE (Scipion), dit le *capitaine Scipion Pic*, commandant au corps de soldats italiens au service de Charles VII, monta avec sa troupe à l'assaut pour la reprise de la ville de Blaye sur les Anglois, et fut blessé aux deux pieds.

Pɪc (Hippolyte), comte de la Mirande, chevalier de l'ordre du roy et lieutenant de cent hommes d'armes de ses ordonnances, mourut au château de Bouteville, le 5 avril 1569, des blessures qu'il reçut à la bataille de Jarnac.

Pɪcᴀʀᴅɪɴ (le sʳ), mousquetaire de la garde du roy, blessé au siége de Maëstrick en 1673.

Pɪcᴀᴜᴛ, lieutenant au régiment du Plessis, blessé à la bataille de Staffarde le 18 août 1690.

Pɪcʜᴀʀᴅ (le sʳ), capitaine au régiment d'Aumont, puis dans celuy de Beauce, fut dangereusement blessé à la bataille de Minden en 1759.

Pɪcʜᴏᴅɪᴇ (le baron de), lieutenant de la compagnie de Schomberg, fut grièvement blessé en 1644 au siége de Sarragoce (*Mercure* de 1664).

Pɪcᴏʟᴏᴍɪɴɪ (Scipion), Italien, lieutenant du comte de Montalto, fut tué à la bataille de Montcontour en 1569.

Pɪcᴏʀᴏɴ ᴅᴇ ʟᴀ Vɪᴏʟɪᴇ̀ʀᴇ (Bonaventure-Jacques), chevalier de Saint-Louis, capitaine et aide-major du régiment de Rohan infanterie, blessé à la bataille de Rosback en 1757.

Pɪcᴏᴛ ᴅᴇ Gᴜɪsʏ (Christophe), chevalier de Saint-Louis, capitaine de grenadiers au régiment de Touraine, tué à la défense de Doüay.

Pɪcᴏᴛ ᴅᴜ Vɪᴠɪᴇʀ, lieutenant de vaisseau du port de Brest, mort sur l'*Écueil* le... 1681.

Pɪcᴏᴛ (Jean-Baptiste), son frère, chevalier de Saint-Louis et capitaine lieutenant de la compagnie, colonel du même régiment, tué à la défense du chemin couvert de Lille.

Pɪcᴏᴛ ᴅᴇ ʟᴀ Mᴏᴛᴛᴇ (N.....), chevalier de Saint-Louis, lieutenant-colonel d'infanterie et commandant à Mahé, dans l'Inde; maréchal de camp en 1751, obtint en 1787 une pension de 5000 fr. en considération d'une blessure qu'il avoit reçue dans sa jeunesse.

PICOT (Pierre), marquis de Dampierre, chevalier de Saint-Louis, capitaine aux gardes françoises avec rang de colonel et maréchal de camp en 1780, fut blessé à la bataille d'Ettingen en 1743 et mourut en 1783.

PICOT DE MORAS (Jean-Ferdinand, comte de), chevalier de Saint-Louis, capitaine au régiment de Rohan-Rochefort puis lieutenant-colonel du régiment provincial de Salins et lieutenant-colonel commandant le bataillon de garnison de Condé, obtint en 1788 une pension de 2000 fr. motivée sur ses services et ses blessures.

PICQUET DE DOURIER (Joseph), tué au siége de Doüay en 1712.

PICQUET DE DOURIER (Jean-Baptiste), enseigne de vaisseaux, fut tué d'un boulet de canon dans un combat naval sous Louis XV.

PICQUET DE DOURIER DE CARABION (N.....), chevalier de Saint-Louis, lieutenant-colonel du régiment de Navarre et brigadier des armées du roy, blessé au siége de Philisbourg en 1734 et à la bataille de Raucoux en 1766.

PICQUOT DE PUNSACK (François-Louis de), chevalier de Saint-Louis, lieutenant colonel du régiment d'Alsace, puis de Royal Suédois, blessé en 1742 au siége de Prague d'un éclat de bombe à une jambe et d'un coup de feu à un bras, le fut encore à la tête en 1745 à la retraite de Paffenhoffen.

PICTOT (le s^r), Genevois, lieutenant au régiment de Surbeck Suisse, eut un bras fracassé au siége de Landau en 1713.

PIDOUX (le s^r), sous-lieutenant aux gardes françoises, tué en 1676 à l'attaque du fort de Linck.

PIEMARAY (le s^r de), lieutenant-colonel du régiment de Montpezat, est blessé au siége de Tortone, décembre 1642.

PIENNE (le s^r de), capitaine au régiment de Piémont, blessé à la surprise de Kockeim en 1689.

PIERARDI (le s^r), capitaine au régiment Royal Italien, fut blessé dangereusement au siége du fort Saint-Philippes en 1756.

PIERRE (Girard de), écuyer, tué à la bataille de Poitiers en 1356.

PIERRE (Louis de) prit part à la bataille de Verneuil sous le commandement du baron de Sassenage et y fut tué le 6 aout 1624.

PIERRE (Jean-Jacques de), seigneur de Bernis, capitaine au régiment de Chamblay, puis de Phalsbourg et depuis mestre de camp de ce régiment, mourut d'une blessure qu'il reçut à la tête dans le Milanés, d'après l'inventaire de son équipage du 7 juin 1636.

PIERRE D'ARENNE (François de), chevalier de Saint-Louis, lieutenant général des armées du roy et gouverneur d'Ivréc, fut atteint à la surprise de Cremone, en 1702, d'une balle qui vint luy frapper sur la poitrine contre un gros bouton d'argent, et lui ôta totalement la respiration sans lui faire de blessure ; il mourut en 1713.

PIERRE (le s^r de la), lieutenant au régiment de Courten Suisse, fut tué à la bataille de Fontenoy en 1745.

PIERRE (Louis de la), capitaine au même régiment, blessé à la même bataille.

PIERRE (le s^r de la), enseigne au même régiment, blessé à la même bataille.

PIERRE (le s^r de la), lieutenant au régiment de Trassy cavalerie, blessé en 1564 au siége de Fribourg (*Mercure* de 1844).

PIERRE (Albert de la), commandant les Suisses, tué au combat de la Bicoque en 1522.

.PIERRE (le s^r de la), mousquetaire de la garde du roy, blessé au siége de Maëstrick en 1673.

PIERREBASSE (le s^r de), lieutenant aux gardes françoises, tué au siége de Saint-Guilain en décembre 1677.

PIERREBON (le capitaine) fut blessé dans une escarmouche dans l'isle de Vigth en 1565.

PIERREBUFFIÈRE (Louis de), seigneur de Châteauneuf, tué à la bataille de Navarre en 1513.

(V. *de* BUFFIÈRES, précédé du nom de *Pierre*, qui paroît appartenir à la maison de Pierrebuffière.)

PIERRECLAVE (le s^r de), capitaine au régiment d'Aumont, blessé à la bataille de Minden en 1759.

PIERREFICTE (Philippes de), chevalier, tué à la bataille de Poitiers en 1356.

Nous retrouvons en décembre 1674 le marquis de Pierrefite qui sert avec distinction à la journée d'Ensheim et au siége d'Achstein en 1675.

PIERRELONGUE (le seigneur de), blessé au siége de Metz en 1551.

(V. d'AUBER DE PEYRELONGUE au cas de rapport avec cette famille.)

PIERREVAL (le s^r de), chevalier de Saint-Louis, ancien capitaine, puis lieutenant-colonel du régiment de Tournaisis, blessé à la bataille de Minden en 1759.

PIE-DE-BRETON (Noël-Étienne), chevalier de Saint-Louis,

capitaine au régiment de Berry infanterie, blessé à la bataille de Rosback en 1757.

PIETREQUIN (Jean), seigneur d'Ozon en partie, fut tué le 5 juin 1589 devant la porte du marché de la ville de Langres où il combattoit en qualité de commandant de la dite ville contre les ennemis de l'État.

PIETREQUIN (Mathieu), lieutenant de la compagnie du marquis de Revel, fut tué à Relampont à deux lieues de Langres, combattant contre les ennemis du roy en 1615.

PIETREQUIN (Étienne), tué au service devant Bois-le-Duc en 1638.

PIETTEMONT (le sr de), colonel du régiment de Piette mont, tué à la bataille de Cassel en 1677.

PIÈZ (le baron de), aide-de-camp du maréchal de Gassion, est blessé au siége de Bourbourg, août 1645.

PIGENOL ou DE PIGENOT (le sr de), chevalier de Saint-Louis, chef de bataillon au régiment d'Alsace, eut la cuisse traversée d'un coup de feu à la bataille d'Hastembeck en 1857, et fut encore blessé à celle de Clostercamps en 1760.

PIGEON (le sr), ingénieur, est tué le 8 octobre 1688 au siége de Philisbourg.

PIGEON (le sr de), lieutenant du régiment de Mailly, tué au siége de Mons en 1746.

PIGNEROL (le sr), lieutenant de la mestre de camp de l'infanterie, est blessé le 22 mai 1641 dans un combat près de Bouchain.

PIGNI (le sr de), chevalier de Saint-Louis, capitaine de grenadiers au régiment de Cambis, tué au siége du fort Saint-Philippes en 1756.

8

Piis ou de Pins (marquis de), baron de Montclus, tué à la bataille de la Marphée en 1641.

Piis (Claude-Louis de), capitaine au régiment de la Reine cavallerie, tué en 1706 au combat de Castiglione (V. de Pins).

Pila (Antoine), gentilhomme dauphinois, sous la conduite du baron de Sassenage, tué à la bataille de Verneuil, 6 août 1624.

Pilhen (Alexandre du), seigneur d'Angelle, lieutenant colonel du régiment de Sault, reçut un coup de pique sous le genouil et un coup de pierre à la tête au siége de Montauban sous Louis XIII, eut aussi la main droite emportée d'un coup de feu à celui de Valence, en Italie.

Pillavoine (Quentin de), vicomte héréditaire de Nogent-le-Roy, tué à la bataille de Jarnac en 1567.

Pillavoine (Guillaume de), seigneur du Deffend et de Montperrieux, capitaine de dragons au régiment de Moracin, tué à la bataille d'Almanza en 1707.

> Nota. — Deux frères, portant ce nom, furent aussy tués au service sous le règne de Louis XIV. (V. de Trie-Pillavoine.)

Pilleroin (le sr de), mousquetaire de la garde du roy, blessé au siége de Maëstrick en 1673.

Piles (sr de Fournilles) est dangereusement blessé le 1er septembre 1638 dans le combat où les galères de France battent celles d'Espagne près de Gènes.

Pilles (le sr de) est tué au siége de Gigery en Afrique, août 1664.

Pilles (le sr de), capitaine au régiment de la Couronne, est blessé au siége de Luxembourg, juin 1684.

Pillet (le sr), sous-lieutenant au régiment de Diesbach suisse, blessé à la bataille de Laufeldt en 1747.

PILLIERS (Léopold-Charles-Claude, dit le *comte* des), chevalier de Saint-Louis, capitaine aux grenadiers de France et major d'Huningue, eut une jambe emportée d'un boulet de canon à la bataille de Minden en 1759.

PILON (le s^r), chevau-léger de la garde du roy, est tué dans une action près du pont Avadin en Flandre, octobre 1647.

PIMBOU (le chevalier de), chevalier de Saint-Louis, capitaine de grenadiers au régiment de Normandie, blessé au siége de Berg-op-Zoom en 1747, le fut encore à la bataille de Clostercamps en 1760.

PIMONFRAI-DE-BEAUREGARD (le s^r de), lieutenant au régiment de Piémont, tué au siége de Bruxelles en 1746.

PIMONFRAI-DE-BEAUREGARD (le s^r de), son frère, capitaine au même régiment, fut tué où mourut des blessures qu'il reçut à la bataille de Rosback en 1757.

PIN DE BELLUGARD (du), officier d'infanterie, passe dans la marine aide d'artillerie en 1710, commande en Flandre de 1742 à 1748, se trouve à 11 siéges et est blessé à celui de Douay.

PINARD (le s^r), sous-lieutenant au régiment de Navarre, blessé au combat de Senef en 1675.

PINAUDERIE (la), lieutenant au régiment de Saint-Mauris, blessé le 8 août 1690 à la bataille de Staffarde.

PINAULT (Pierre), seigneur de la Beltière, mort de ses blessures, devant Saint-Omer sous Louis XIV.

PINAU (le s^r), lieutenant au régiment d'Auvergne, blessé à la poitrine à la bataille de Minden (Todenhausen) en 1759.

PINAY (le s^r du), officier d'artillerie, tué au siége de Minorque au mois de may 1756.

PINAY (le s^r du), capitaine au régiment Royal artillerie, tué au siége du fort Saint-Philippes au mois de juin 1756.

PINBON (le s^r de), capitaine dans le régiment de Normandie-infanterie, est blessé au combat près de Rhinberg, octobre 1760.

PINCERNE (Ferrois Alleman), tué à la bataille de Poitiers en 1356.

PINCIN (le chevalier), lieutenant de la compagnie du duc de Candale, est blessé à la levée du siége de Lérida, décembre 1646.

PINDRAY (le s^r de), capitaine au régiment de Normandie, tué à la bataille de Clostercamps en 1760.

PINETTE (le s^r), secrétaire du comte d'Estrées, est blessé dangereusement dans un combat naval sur mer avec les Hollandois à Tabaco, mai 1677.

PINGRÉ (le s^r), lieutenant de frégate auxiliaire, tué dans le combat du vicomte du Chilleau dans les environs de Madère le 28 février 1786.

PINGRÉ DE VRAIGNES (Henry de), chevalier de Saint-Louis, lieutenant-colonel du régiment de Leuville et maréchal de camp en 1704, blessé au siége de Carmagnolles vers l'an 1707.

PINGUIS (le s^r de), capitaine au régiment d'Auvergne, est tué en défendant avec bravoure le fort de Waart, près de Voerden, octobre 1672.

PINON (s^r...), chevalier de Saint-Louis, capitaine aux gardes françoises avec rang de colonel, tué à la bataille d'Ettingen en 1743.

PINON (Anne-Louis, dit le *marquis de Saint-Georges*), chevalier, grand'croix de l'ordre royal et militaire de Saint-

Louis, lieutenant général des armées du roy, ancien mestre de camp, lieutenant d'une brigade de carabiniers, blessé à la bataille de Fontenoy en 1745.

PINON DE VILLEMAIN (Nicolas-Louis), chevalier de Saint-Louis, lieutenant-colonel du régiment de la Rochefoucaud dragon, obtint en 1757 et 1777 deux pensions du roy motivées sur ses services et sur ses blessures.

PINON (Louis-Vincent, dit le *chevalier*), chevalier de Saint-Louis, lieutenant-colonel du régiment d'Autichamp dragons, blessé à Embeck en 1757.

PINOYS (Charles de), seigneur de Hautebruyère, nommé d'abord archer de la compagnie de 50 hommes d'armes du seigneur de Puygaillard le 17 mars 1584; puis l'homme d'armes de celle du seigneur de Sourdis, et enfin officier au régiment de Piemont; fut nommé par le roy religieux lay de l'abbaye de Clairefontaine le 22 mai 1606, en considération des services qu'il lui avoit rendus dans les guerres précédentes où il avoit reçu plusieurs blessures dont il étoit resté estropié.

PINS (Bertrand de), chevalier de Saint-Jean de Jérusalem, tué dans un combat naval contre les Turcs en 1557.

PINS (Jean de), chevalier de Malte, tué au siége de Privas en 1629, eut aussi deux frères comme lui chevaliers de Malte, qui furent tués par les religionaires, l'un sur les galères en 1622 et l'autre au siége de Montauban en 1629.

PINS (Roger de), chevalier de Malte et capitaine de dragons, tué à la bataille de la Marsaille en 1693. — (V. de PIIS).

PINSACQUES (le sr de), capitaine au régiment de Piémont, blessé au siége de Maëstrick en septembre 1676.

PINSONNET (le sr), fils du premier président à la chambre

des comptes de Dijon, et enseigne au régiment d'Enguin, tué le 7 juillet 1643 au siége de Dole.

Pinsot (Gabriel), chevalier de Saint-Louis, lieutenant au régiment Dauphin dragons, reçut plusieurs blessures dans les guerres de Louis XV.

Pinte (le s^r de), capitaine au régiment de Touraine, blessé à la bataille de Minden, août 1759.

Pinteville (le s^r de), lieutenant au régiment de Picardie, blessé d'un coup de fauconeau au siége du pont d'Esture en 1643 (*Mercure* de 1643).

Pintin (le s^r de), lieutenant aux gardes, blessé le 15 octobre 1643 au siége de Pont-d'Esture.

Pinze (le s^r de), lieutenant au régiment Royal Pologne, blessé à la bataille de Rosback en 1757.

Pio (le s^r de), capitaine au régiment de Rouergue, blessé à la bataille de Minden en 1759.

Piochard (Étienne), seigneur de la Brulerie, d'abord gendarme de la compagnie écossoise, puis cornette de dragons au régiment de Verruë, ensuite capitaine dans celui d'Espinay-dragons et gouverneur du château de Joigny, fut blessé à la bataille de Fleurus, en 1690, d'un coup de sabre à la tête par un officier des gardes du prince de Nassau qu'il fit prisonnier. Dans les provisions que le roy luy accorda, Sa Majesté dit qu'il s'étoit trouvé à des combats considérables ou batailles rangées et à l'attaque de 15 places fortes, dans lesquels combats il avoit été blessé plusieurs fois et conduit prisonnier en Allemagne, en Flandre et en Angleterre, où il avoit été employé dans des affaires importantes et secretes pour son service, sous les ordres du maréchal duc de Talart. Sa Majesté faisant encore dans ces provisions l'éloge de ses père et neveu tués dans la guerre précédente.

PIOGER CHANTRADEUX (de). — V. CHANTRADEUX.

PIOLENC (Michel de) fut tué dans l'armée du roy en Italie (ce que l'on présume être sous Henry II).

PIOLENC (Antoine de), co-seigneur de Saint-Julien, capitaine d'une compagnie au régiment de la Roche-Montoison, obtint le 7 novembre 1586 une attestation du duc de Mayenne lieutenant général en Guyenne, portant qu'il avoit été estropié au service du roy, qu'il supplioit d'en avoir pitié et de luy faire quelque bien en récompense de ses services (il paroît que ce fut à l'assaut de Montregor qu'il fut blessé).

PIOLENC (Raimond de), son fils, enseigne au même régiment, fut (d'après l'attestation ci-dessus) blessé d'une arquebusade à la jambe au dit assaut de Montégor en 1586, et en mourut peu de temps après.

PIOLENC (Jean-Baptiste de), capitaine au régiment de Normandie, blessé au siége de Bletterans en Franche-Comté en 1637, fut tué à celui de Salces le 2 novembre 1639.

PIOLENC (Joachim de), lieutenant au même régiment, blessé au siége de Tortose en 1642, est tué au siége d'Orbitello en Italie le 27 juin 1646.

PIOLENC (Marcel, dit le *chevalier* de), chevalier de Saint-Louis, lieutenant-colonel du régiment d'Aumont depuis Beauce, blessé au siége de Coni en 1744 et à l'affaire de l'Assiette en 1747.

PIOLENC (Raimond de), lieutenant au régiment de Morangières, tué au service en Italie.

PIONSAC (le sieur de), capitaine au régiment de Navarre, blessé à la bataille de Cassel en 1677.

PIPEMONT-D'ABLANCOURT (Louis-Antoine de), chevalier de Saint-Louis, major du régiment de Provence, fut blessé à la bataille de Rosback en 1757. (V. d'ABLANCOURT, si cette citation concerne cette famille).

PIQUET (le sieur), lieutenant, est tué au siége de Tortose, décembre 1642.

PIQUET (Antoine de), officier au régiment de Montpezat et ayde de camp des armées du roy, mourut de ses blessures à Casal en 1656.

PICQUET (le sieur), capitaine au régiment de la Ferté, est blessé au siége de Luxembourg, juin 1684.

PIQUET (Jacques de), frère d'Antoine, enseigne au régiment de Beauvoisis, blessé à la bataille de Rosback en 1757.

PIQUET (le sieur), chevalier de Saint-Louis, commandant de bataillon au régiment d'Alsace, blessé à la bataille de Clostercamps en 1760.

PIQUET (le sieur), lieutenant au régiment d'Aquitaine, blessé à la journée de Grebenstein le 14 août 1762.

PIQUET DE LA MOTTE (V. de LA MOTTE-PIQUET).

PIRON (le sieur), lieutenant au régiment de Marsin, est blessé à la bataille gagnée sur les Espagnols le 11 juillet 1640 devant Turin.

PIRON (le sieur), cornette, est tué dans une sortie faite par la garnison de la ville de Lérida sur l'armée du prince de Condé, juin 1647.

PIROTIÈRE (le sieur de la), lieutenant au régiment de Vatau, blessé au pied à la bataille de Minden en 1759.

PISART-D'ARREAU-DE-LAUBADÈRE (le sieur de), lieutenant au régiment de Bourbonnois, puis capitaine dans celuy de

Fonza, chevalier de Saint-Louis, blessé au combat de Warbourg en 1760, obtint sa retraite en 1788.

Pithieuville (Louis-Pierre-Robert de), capitaine au régiment de Touraine et chevalier de Saint-Louis, tué à la bataille de Minden en 1759.

Pitoux (N.....), capitaine au régiment de la marine, tué au secours des lignes d'Arras en 1654.

Pitoux (Philippes), son frère, chevalier de Saint-Louis, premier capitaine au même régiment, depuis lieutenant du roy de Bellegarde, commandant à Figuières et à Capdeguières, gouverneur de Campredon et de Belver en Cerdaigne, puis enfin de Villefranche en Roussillon, reçut plusieurs blessures dans les guerres de Louis XIV.

Pitton-de-Tournefort (Gaspard de), chevalier de Saint-Louis, lieutenant de vaisseau, tué sur le *Raisonable* dans la rencontre d'une escadre anglaise en 1758.

Pitton-de-Tournefort (Jean de), chevalier de Saint-Louis, capitaine de grenadiers au régiment d'Enghien avec rang de lieutenant-colonel, fut blessé à la tête à la bataille d'Hastembeck en 1757.

Pivollot (Jean-Alexandre), chevalier de Saint-Louis, lieutenant avec rang de capitaine au régiment de Conflans, blessé à la bataille de Minden en 1759, le fut encore à l'affaire de Gottingen en 1760.

Pizy (le chevalier de), ingénieur, est blessé le 30 mai 1697 devant Ath.

Place (le sr de la), guidon du prince de Condé, blessé au siége de Fribourg en 1644. (*Mercure* de 1644.)

Places-du-Long (le sr des), chevalier de Saint-Louis, chef de bataillon au régiment de Piémont, blessé en 1746 dans une affaire en Flandres, fut tué à la bataille de Rosback en 1757.

PLAIBAULT-DE-VILLARS-LUGEIN (Louis-Ignace), chevalier de Saint-Louis, ingénieur et maréchal de camp, tué d'un coup de canon devant Marchiennes en 1712.

. PLAIGNE (le sr de), gendarme de la garde du roy, blessé à la bataille d'Ettingen en 1743.

PLAINE (le sr de), lieutenant de grenadiers au régiment de la marine, tué à la bataille d'Hastembeck en 1757.

PLAINE (le sr de la), capitaine au régiment de Picardie, blessé au siége de Dole en 1636, et d'un coup de mousquet à la cuisse à celuy de Thionville en 1643. (*Mercure de 1643.*)

PLAINE (de la), maréchal des logis du régiment Fimarcon blessé à la bataille de Staffarde le 18 aoust 1690.

PLAINEL (V. PLANEL).

PLAINFRAIN (le sr), capitaine au régiment du Roi, est blessé au siége de Maestricht, juillet 1676.

PLAINPEL (le sr de), capitaine au régiment de Rouërgue, blessé à la tête à la bataille de Minden en 1759.

PLAISANT (le sr de), capitaine commandant les enfants perdus, est tué au siége de Roses, mai 1645.

PLAN (le capitaine), capitaine des gardes et favori du comte de Morbecque, l'un des plus grands seigneurs de la cour de Charles IX, fut tué au service en 1568 dans un combat contre les protestans (de Thou).

PLANC (le sr de), mousquetaire du roy de la 2e compagnie, blessé au siége d'Ypres en 1678.

PLANEL-DE-MERIC (le sr), capitaine au régiment de Piémont, tué au siége de Chivas en 1705. (V. de MERIC.)

Planey Joncours (de), enseigne de vaisseau du port de Brest, mort à Cartagenne, sur le *Sceptre*, le 3 juin 1697.

Planques (Collart des), seigneur de Berlette, tué à la bataille d'Azincourt en 1415.

Planta (Gaudence de), officier suisse au service du roy, tué à la bataille de Marciano en 1554.

Planta, capitaine du régiment de Stoup, blessé à la bataille de Fleurus, le 1er juillet 1690.

Planta (Mainrod de), baron de Planta de Wildembourg, lieutenant colonel d'infanterie, tué à la bataille de Nervinde en 1693.

Planta, capitaine de frégate, du port de Toulon, mort à la Jamaïque commandant le *Solide*, le 24 juillet 1694.

Plantade (Étienne de), zélé serviteur du roy, devint à ce titre l'objet de la haine des huguenots qui le précipitèrent du haut en bas de la tour de Montpellier en 1560; il resta boiteux de cette chute et ne mourut qu'en 1616.

Plantavit ou de Plantevit (Gabriel de), seigneur de Marossan, chevalier de l'ordre du roy, l'un de ses écuyers ordinaires, conseiller d'État, ambassadeur à Rome, en Savoye et en Espagne, fut tué au siége de Montauban en 1621.

Plantier (Mathieu), chevalier de Saint-Louis, capitaine au régiment Dauphin-dragons blessé, à la bataille de Steinkerque en 1692, ainsi qu'au siége de Namur, le fut encore au combat de Luzara en 1702.

Plas (Antoine de), seigneur de Plas, reçut plusieurs blessures à la bataille de Montlhery, en 1665.

Plas (François-Barthélémy, baron de), chevalier de Saint-Louis, capitaine du régiment du Roy infanterie avec rang de

colonel, fut froissé de deux balles à l'assaut de Prague
en 1742; reçut deux coups de feu à la bataille de Fontenoy
en 1765, l'un au bras gauche, l'autre au bas-ventre, et fut
encore blessé à une jambe à la bataille de Laufeldt en 1747.

PLASSES (des), enseigne de vaisseau du port de Rochefort, mort commandant l'*Avenant* le 12 de décembre 1702.

PLATIERE (François de la), seigneur des Bordes, baron
d'Espoisses, gentilhomme ordinaire de la chambre du duc
d'Orléans, fut tué au service du roy devant Châlons en
Champagne le 1er septembre 1544.

PLATIERE (René de la), seigneur des Bordes, guidon de la
compagnie de 50 lances du maréchal de Bourdillon, son
oncle, fut tué à la bataille de Dreux, en 1562.

PLATIERE (N... de la), officier de cavalerie, blessé en 1627
à la descente des Anglois dans l'Isle de Rhé, mourut quelques jours après. (*Mercure* de 1627.)

(V. de BOURDILLON, au cas que cette citation concerne cette
maison.)

PLASTRINE (le sr), lieutenant du régiment Lyonnais, est
blessé à mort le 15 juin 1572 à l'attaque du fort Nimègue,
entre le Wal et le Rhin.

PLATS (le sr des), lieutenant au régiment royal des vaisseaux, fut blessé au combat de St-Cast en 1758.

PLATS (le sr des), lieutenant au régiment de la Tour du
Pin, fut blessé à la bataille de Clostercamps en 1760.

PLEINE (de la). (V. de la PLAINE.)

PLEINNEAUX (de), maréchal des logis du régiment de la
Lande-dragons, blessé au siége de Mayence en septembre 1689.

PLEX (Pierre du), chevalier de Saint-Louis, commandant

de bataillon au régiment de Champagne, fut blessé de trois coups de feu au siége de Douay en 1742 en attaquant le chemin couvert avec la plus grande intrépidité.

PLEIX-DE-CADIGNAN (N... du), lieutenant de vaisseaux, blessé sur l'*Illustre* dans le combat du Bailly de Suffren aux Indes, le 3 septembre 1782, devant Trinquemalay, contre sir Edward Hugues.

PLESSI (le sr de), capitaine au régiment de Champagne, est tué à l'attaque de la ville de Faucogney, juillet 1674.

PLESSIER (le sr du), chevau-léger de la garde du roy, tué à la bataille d'Ettingen en 1743.

PLESSIS (Jean du), seigneur de Châtillon, tué à la bataille de Pavie en 1525, où il avoit du commandement.

PLESSIS-CHATILLON (René du), son frère, tué à la même bataille de Pavie où il avoit également un commandement.

PLESSIS-CHATILLON (François du), fils du marquis André du Plessis-Chastillon et de Renée Leconte, marquise de Nonant, tué en 1654, on ne sait en quelle affaire.

PLESSIS (Urbain du), comte de Jarzé, nommé pour relever M. de Puisieux dans son ambassade de Suisse, étoit colonel de cavalerie et avoit perdu un bras au siége de Philisbourg, en 1688.

PLESSIS-RICHELIEU (Antoine de), dit le *Moine*, seigneur de Richelieu, chevalier de l'ordre du roy, gentilhomme ordinaire de sa chambre, gouverneur de Tours et capitaine de cent arquebuses de la garde du roi François II, blessé au siége de Bourges en 1562, fut tué à Paris le 19 janvier 1576 dans la rue des Lavandières par des gens de mauvaise vie qu'il vouloit chasser d'une maison qui avoisinoit la Sienne.

PLESSIS-DE-RICHELIEU (François du), son frère, dit le *Sage* à cause de sa prudence et de sa modération, seigneur de la Fabinière, chevalier de l'ordre du roy, lieutenant de 50 hommes d'armes de ses ordonnances, mestre de camp des bandes françoises et gouverneur de Courtemille, mourut d'une arquebusade qu'il reçut à l'épaule, en 1563, au siége du Havre de Grâce dont il alloit être nommé gouverneur.

(V. de VIGNEROD, substitué aux nom et armes de du Plessis Richelieu.)

PLESSIS-DE-BREVIANDE (Isaac du), seigneur de Breviande, tué au siége de Juliers en 1610.

PLESSIS (le s^r du), capitaine au régiment de Champagne, blessé au siége de Luxembourg en 1664, au combat de Valcour en 1689 et à celuy de Steinkerque en 1692, mourut peu de jours après cette dernière affaire.

PLESSIS (du), lieutenant du régiment Dauphin blessé, au mois de septembre 1689 à la défense de Mayence.

PLESSIS VALERON (le s^r du) est cité avec honneur dans l'histoire de M. de Thou, qui dit que quoiqu'il fut dangereusement blessé d'un coup de mousquet au siége de Crodon en 1534, il fit ce jour-là une action de valeur étonnante ; il demeura constamment sur la brèche, et ne voulut point se retirer que nos troupes ne fussent maîtres de la place.

PLESSIS (le s^r du), sergent de bataille, tué au siége de Montpellier en 1622.

PLESSIS BARBÉ (le s^r de), capitaine au régiment de Picardie, est tué le 14 juin 1636 au siége de Dole.

PLESSIS DE LA MERLIERE (Jean du), dit le *chevalier de la Merliere*, servit neuf ans dans le régiment de Beauce, et fut blessé au siége de Philisbourg.

PLESSIS DE LA ROCHEGUYON (Henry-Roger du), comte de

la Rocheguyon, marquis de Montfort, premier gentilhomme de la chambre du roy, fut tué au siége de Mardick, en 1646.

PLESSIS (du), lieutenant du régiment du Mayne, tué au siége de Mayence en septembre 1689.

PLESSIS (du), capitaine du régiment de Périgord, blessé à Staffarde le 18 août 1690.

PLESSIS-CONSTANT (le s^r du), gendarme de la garde du roy, blessé au combat de Leuze en 1691.

PLESSIS d'ALONVILLE (du), enseigne de vaisseau du port de Rochefort, mort aux Indes sur le *Faucon* le..... 1697.

PLESSIS DE LA FERANDIERE (le s^r du), capitaine au régiment du Châtelet cavallerie, tué à l'affaire de Viceloc.

FÉRANDIERE (le s^r de la), son frère, lieutenant-colonel du régiment de Vivone cavallerie, tué en 1702, à la bataille de Fredelinghen, où il commandoit ce régiment.

PLESSIS (le s^r du), mousquetaire du roy de la 2e compagnie, blessé à la bataille d'Ettingen en 1743.

PLESSIS MOREAU (le s^r du), chevalier de Saint-Louis, capitaine au régiment de Piémont, puis commandant le bataillon de Blois, fut blessé à la bataille de Rosback en 1757.

PLESSIS PASCAUT (le s^r du), enseigne de vaisseaux, tué sur le *Zodiaque*, dans le combat du comte d'Aché aux Indes, le 25 avril 1758.

PLESSIS (le s^r de), sous-ayde major aux grenadiers de France, tué à l'affaire de Grebenstein, le 24 août 1762.

PLEURRE (Pierre, *marquis* de), seigneur de Marigny, capitaine aux gardes françoises, grand bailly et gouverneur de Sézanne, fut tué à l'attaque d'un fort devant Salins en 1674.

PLOND (le s^r de), lieutenant colonel du régiment de Tournoisis, est tué au siége de Prague, septembre 1742.

PLOUTRE DE GUERBOAL, GERBOVAL, *ou encore* GERBAUVAL (le), ainsi nommé dans les chroniques d'Enguerrand de Monstrelet, fut tué à la bataille d'Azincourt en 1415. (V. de GREBOVAL.)

PLOYARD (Théodore), de Saint-Gal, capitaine commandant la demi-compagnie de miquelets au régiment de Surbeck suisse, mourut à Valenciennes des blessures qu'il reçut au combat de Denain en 1712.

PLUNQUET (Patrice), chevalier de Saint-Louis, capitaine au régiment de Walsh, fut blessé au combat du comte d'Estaing contre l'amiral Byron, près de la Grenade, le 6 juillet 1779.

PLUVAUX (le marquis de), colonel du régiment de Chartres infanterie, est blessé le 2 octobre 1693 au siége de Charleroi. Mort en 1719.

PLUVIAUT (le seigneur de), tué à la bataille de Coutras en 1587.

PLUVIERS (de). Le roy Henri IV écrivoit, le 31 octobre 1594, à Louis de Pluviers, seigneur d'Assas, chevalier de son ordre, pour le consoler de la mort de quatre de ses fils qui auroient été tués à son service; ce monarque ajoute qu'*il les regrettoit de tout son cœur, les ayant vu combattre aussi valeureusement qu'il se put jusqu'à leur mort qui leur avoit rapporté tout l'honneur que les plus braves pouvoient espérer.* (C'étoit vraisemblablement au siége de Laon.)

POCHON (Victor), seigneur de Marcilly, capitaine au régiment de Rambures infanterie, et ayde de camp ès armées du roy, reçut un coup de mousquetade à travers le corps au passage de la rivière de Colme, d'après une attestation du lieutenant-colonel du régiment de Rambures, du 20 septembre 1645, et obtint depuis son congé à raison de ses grandes blessures.

POCQUET DE SAINT-SAUVEUR (Louis-Victor), capitaine au régiment de Béarn, tué à la bataille de Johanisberg en 1762.

PODENAS (le sᵣ de), lieutenant au régiment de Royal-Vaisseau, tué à la bataille de Laufeldt en 1767.

PODENAS (le sᵣ de), chevalier de Saint-Louis, chef de bataillon au régiment de Bourbonnois, blessé en 1743 à la retraite de Dekendorff, et en 1747 à l'affaire d'Exiles, mourut des blessures qu'il reçut au combat de Warbourg en 1760.

POGNEL (le sᵣ), capitaine au régiment de Rouërgue, blessé à la bataille de Minden en 1759.

POGNIAT DE BONNEVIE (le sᵣ), lieutenant de vaisseau, fut grièvement blessé sur le *Vengeur*, dans le combat du Bailli de Suffren aux Indes, près de Négapatnam, le 6 juillet 1787, contre sir Edward Hugues.

POIGNAT DE BONNEVIE (le sᵣ de), garde de la marine, blessé dans la même rencontre.

POIGNANT (le sᵣ de), enseigne des gardes du comte d'Harcourt, est blessé de quatre mousquetades au siége du fort de l'isle de Sainte-Marguerite, avril 1637.

POIGREFFI (le seigneur de), fut blessé grièvement au combat de Saint-Jean de Luz en 1523. Il se fit depuis huguenot.

POILE (le sᵣ de), lieutenant au régiment de Navarre, est tué dans la tranchée au siége de Damvillers, octobre 1637.

POILLÉ (le comte de) est blessé au siége de La Motte, juillet 1634.

POILLY (le sᵣ), cornette au régiment de Créqui, est blessé à la bataille de Rethel, décembre 1650.

Poiloue de Bonnevau (Jacques-Auguste de), capitaine de mineurs, tué au siége de Berg-op-Zoom.

Poilvilain (Georges de), seigneur de Crenay, capitaine au régiment de Vermandois, fut tué au service d'après son extrait mortuaire du 6 août 1719.

Poilvilain (Georges-Louis-Sébastien de), comte de Montaigu et de Crenay, chevalier de Saint-Louis, capitaine au régiment du Roy cavallerie et ayde de camp du duc de Penthievre à la bataille d'Ettingen, en 1744, où il fut blessé d'un coup de fusil à travers la poitrine, et tué au combat de Saint-Cast en 1758.

Poilvilain (Charles-Félix de), dit le chevalier de Crenay, vice-amiral de France, chevalier grand'croix de l'ordre royal et militaire de Saint-Louis, blessé dangereusement à la bataille d'Ettingen en 1743, le fut encore, en 1745, sur le vaisseau *le Mars*, qu'il commandoit dans un combat qu'il soutint, et mourut en 1756.

Poincille. (V. de Joinvilliers.)

Poingere (le sr de), lieutenant au régiment de Champagne, blessé à la bataille de Steinkerque en 1692.

Poinsegu (le sr de), capitaine aux gardes, est blessé au combat de Steinkerque, août 1692.

Poissonnet (Jean), gendarme de la garde du roy, fut blessé dangereusement d'un coup de feu au bras à la bataille d'Ettingen en 1743.

Pointe (le sr de la), enseigne au régiment de Picardie, blessé au siége de Thionville en 1643.

Pointel (le chevalier Jacques), chancelier du duc d'Anjou, tué au siége de Bordeaux en 1378.

Pointel (Guillaume), chevalier, ayant été envoyé par le

roy à Montpellier, y fut massacré dans une sédition, le 25 octobre 1379. (V. l'article plus détaillé sous le nom de LASTEYRIE)..

POINTIS (le s^r de), capitaine de galiote, est blessé à la descente devant Gênes, le 24 mai 1684.

Nous ne savons s'il diffère de :

POINTIS (le s^r de), lieutenant général de l'artillerie, blessé au siége de Londondéri, juin 1689.

POINTIS (le chevalier de), enseigne de vaisseau du port de Brest, mort de ses blessures à Carthagenne, sur le *Sceptre*, commandé par M. de Pointis, le 20 juin 1697.

POINTIS (le baron de), chevalier de Saint-Louis, chef d'escadre des armées navalles, fut blessé d'un coup de mousquet qui lui découvrit l'estomac au siége de Carthagène, dont il s'empara en 1697, et où il donna des preuves d'une valeur distinguée. Mort le 24 avril 1707, âgé de 62 ans.

POINESSON (François de), seigneur de Suzancourt et de Chamerande, fut tué au siége de la Rochelle en 1628. Il avoit servi dans la compagnie d'ordonnance de la Reine.

POIRIN (le s^r), lieutenant au régiment de Briqueville, fut blessé grièvement au siége du fort Saint-Philippe en 1756.

POIRET (le s^r), commandant un détachement d'infanterie, est blessé le 14 octobre 1648, dans une rencontre avec l'ennemi dans le Luxembourg.

POIRIN (le s^r), lieutenant dans le régiment de Briqueville, est blessé dangereusement au siége de Mahon, août 1756.

POIROT (Charles Henry dit le *Chevalier*), chevalier de Saint-Louis, capitaine au régiment de Languedoc, et officier-major de la côte du sud de Québec, fut blessé à la joue gauche à l'affaire de Paffenhoffen en 1745, et encore à une épaule à celle de Carilhen en Canada, en 1758.

Poirson (François Nicolas de), tué à la bataille de Malplaquet en 1709.

Poirson (Gabriel de), chevalier de Saint-Louis, capitaine au régiment de Mailly puis chef de bataillon avec rang de major dans celui de Guienne, fut blessé à la bataille de Rosback en 1757.

Pois (le sr de), capitaine au régiment de Navarre, est tué le 8 février 1649, à la prise de Charenton près de Paris.

(Voy. Poix.)

Poisblanc, capitaine du régiment de Périgord, tué le 18 août 1690, à la bataille de Stafferde.

Poisblanc (le sr de), chevau-légers de la garde du roy, tué à la bataille d'Ettingen en 1743.

Poisol (le sr), lieutenant au régiment d'Alsace, blessé à la bataille de Clostercamps en 1760.

Poissieu (Poncet de), tué le 6 août 1424, à la bataille de Verneuil, sous le commandement du baron de Sassenage.

Famille du Dauphiné : de gueule au chevron brisé d'argent, surmonté d'une fasce en devise d'or.

Poisson (Jacques), seigneur de Croismare, garde de la marine, blessé au combat de Malaga en 1704.

Poisson (le sr de), chevalier de Saint-Louis, capitaine de grenadiers au régiment de Champagne, blessé en 1744, à l'attaque de Weissembourg, mourut peu de jours après.

Poisson (René de), seigneur de Montigny, mestre de camp d'un régiment d'infanterie et gentilhomme ordinaire de la chambre du roy Henry IV, obtient le 9 mars 1594 une gratification de mille écus pour luy donner moyen de payer sa rançon ayant été blessé et fait prisonnier par les ennemis. On le croit le même que le s^r *de Montigny, mestre de camp,* que de Thou dit avoir été tué au siége d'Amiens en 1597.

POISSY (le s^r de) fut estropié à la bataille de Rocroy en 1643 (il était frère du marquis de Cléry, mort en 1727, commissaire provincial d'artillerie et chevalier de Saint-Louis sous Louis XIV).

POISY (le seigneur de), tué à la bataille de Verneuil en 1424.

POITIERS (Aymar de), comte de Valentinois et de Diois, chevalier, fut tué en 1345 dans un combat contre les Anglais.

POITIERS (Philippes de), chevalier, seigneur d'Arcis-sur-Aube, conseiller chambellan ordinaire du roy et bailly de Meaux, tué à la bataille d'Azincourt en 1415.

POITTIERS (le s^r de), lieutenant au régiment de Navarre, tué au siége de Landau en 1713.

POIVRE (Pierre), chevalier de l'ordre de Saint-Michel, commissaire ordonnateur de la marine, faisant les fonctions d'intendant dans les îles de France et de Bourbon, eut un bras emporté dans un combat où il se trouva dans le détroit de Braven.

POIX (Louis de), seigneur de Biernne et de Saint-Messaut, tué à la bataille d'Azincourt en 1415.

POIX (Rogues de), chevalier, seigneur d'Ignaucourt, capitaine du Pont-Audemer, tué à la même bataille.

POIX (Jean de), tué à la bataille de Pavie en 1525.

POIX (Louis de), tué à la même bataille.

POIX (le s^r de), capitaine au régiment de Picardie, blessé au siége de Dunkerque.

Poix (le s^r de), capitaine au régiment de Navarre, tué en 1649, à l'attaque de Charenton.

Poix-Signac (le s^r de), capitaine au régiment de Picardie, est tué de cinq coups d'épée et de deux coups de mousquet dans une rencontre avec l'ennemi aux environs de Lille, juillet 1674.

Pol (le s^r de), lieutenant au régiment de Bettens-suisse, tué à la bataille de Laufeldt en 1747.

Pol (Adrien de) servit avec beaucoup de valeur à la tête d'un camp volant de cavalerie et d'infanterie du comtat Venaissin, dans les troupes que le roy envoya au secours de Pie IV contre les protestants; assiégea le bourg de Mour-moiron en 1563 qu'il prit d'assaut, et mourut d'un coup de mousquet qu'il reçut sur la brèche.

Pol (François de), seigneur de Saint-Tronquet, capitaine au régiment de Rubempré, capitaine des gardes du maré-chal d'Aumont, puis capitaine d'une compagnie de carabi-niers à la tête de laquelle il fut tué d'un coup de mousquet dans un assaut donné au faubourg Saint-Jacques, lors du siége de Paris par Henry IV, le 1er novembre 1589.

Pol (Jean-Scipion de), seigneur de Saint-Tronquet et de Lagues, chevalier de l'ordre du roy et capitaine au régiment de Peyrault, mourut des blessures qu'il reçut en 1638 au combat des 15 galères de France contre pareil nombre de celles d'Espagne.

Polart (le s^r), sous-lieutenant aux gardes françoises, tué à la bataille de Consarbrick en 1675.

Polastron (Jean-François de), capitaine au régiment de Serre infanterie, tué dans la Valteline, au combat de la Fran-cisque en 1634.

Polastron (Jean-Pierre de), capitaine au régiment de

Brezé infanterie, tué à la prise du fort de Mardick en 1646.

POLASTRON (le s^r de), capitaine au régiment du roi, et le s^r de Polastron, lieutenant au même régiment, sont blessés au siége de Maestricht, juillet 1673.

POLASTRON (Jean-Charles de), son neveu, chevalier de Malte, enseigne aux gardes françoises, tué à la bataille de Consarbrick, en 1675, à l'âge de vingt ans.

POLASTRON (Jean-Joseph de), frère du précédent, sous lieutenant au même régiment, tué à la bataille de Saint-Denis en 1678.

POLASTRON, originaire de Bretagne, lieutenant de vaisseau le 1er janvier 1693, capitaine de frégate le 1er novembre 1705, tué sur le *Bourbon*, commandé par M. le comte d'Arquian, pris par les Flessingubis le 10 mars 1707.

POLASTRON (Jacques-Louis, marquis de), son autre frère, chevalier de Saint-Louis, colonel du régiment de la couronne et brigadier des armées du roy, tué à la bataille d'Almanza en 1707.

POLASTRON (le s^r de), colonel du régiment de la couronne, est blessé le 14 août, au siége de Barcelone, de trois coups de feu au bras et au côté, septembre 1714.

POLATRE (le s^r de la), capitaine au régiment de Bourbonnois, tué à la bataille de Steinkerque en 1692.

POLE (Richard de la), mort au service du roy à la bataille de Pavie en 1525.

POLEINS (Charles-Emmanuel de), seigneur de la Jachère, capitaine au régiment de Conti, fut blessé d'un coup de pique au combat de Fribourg, en 1644, et dans l'attaque d'une demi-lune à Courtray, il fut accablé de coups de pierre et demeura longtemps confondu parmi les morts. Sous le règne précédent, il avoit été blessé de deux coups de feu à l'attaque de Gy, l'un au ventre et l'autre au côté droit, et d'une autre au bras droit au siége d'Yvoy.

POLIER (Jean), de Lauzane, colonel au régiment de Vieux Sales-suisse et brigadier des armées du roy, reçut en 1692, à la bataille de Steinkerque où il fit des prodiges de valeur, trois blessures mortelles qu'il refusa même de faire panser; mais il expira d'une quatrième au moment où la victoire se décida en faveur du maréchal de Luxembourg.

POLIDRE (le capitaine), Joalim, tué au siége de Metz en 1552.

POLIGNAC (Vivien de), seigneur d'Escoyeux, guidon de la compagnie des gendarmes du seigneur de la Châtaigneraye, fut tué au siége de la Rochelle en 1573.

(V. des COYEUX, que l'on croit de cette maison.)

POLIGNAC (Louis-Armand, vicomte de), baron de Chalancon, chevalier de l'ordre du roy et gentilhomme ordinaire de sa chambre, blessé au siége de Saint-Agreve en 1580, mourut en 1584.

POLIGNAC (le sʳ de), officier du régiment de Villandry, est blessé à la bataille gagnée sur les Espagnols, le 11 juillet 1640, devant Turin.

POLIGNAC (le sʳ de), lieutenant de vaisseau, du port de Brest, noyé sur la barre de Bayonne, passager sur la *Jolie*, commandée par le chevalier de la Ralde, le 22 novembre 1702.

POLIGNAC (le marquis de), brigadier d'infanterie, est blessé à la bataille de Fridlingen, octobre 1702.

POLIGNAC (Armand-Scipion-Sidoine-Apollinaire-Gaspard, comte de), chevalier de Saint-Louis, lieutenant général des armées du roy, gouverneur du Velay et de la ville du Puy, précédemment colonel du régiment d'Aunis, blessé à la bataille de Fredelinghen en 1702, mourut à Paris le 4 avril 1739, âgé de soixante-dix-neuf ans.

POLIGNAC (Louis-Denis-Auguste de), chevalier de Malte, colonel du régiment de Brie et brigadier des armées du roy, reçut au combat de Saint-Cast, en 1758, une blessure dont il mourut peu de temps après.

POLIGNAN (le s^r de), capitaine au régiment de Normandie, est blessé au siége de Luxembourg, juin 1684.

POLIGNAN (le s^r de), capitaine au régiment de Bourbonnais, blessé au siége de Mayence en 1689.

POLLALION (Jean-Claude de), dit *le chevalier de Glavenas*, chevalier de Saint-Louis et capitaine au régiment de Limosin, fut dangereusement blessé d'un coup de feu à l'épaule au siége de Saint-Sébastien, et obtint sa retraite en 1757.

POLLERETZKY (Mathias, dit le *chevalier* de), chevalier de l'ordre du Mérite militaire, lieutenant-colonel du régiment de Bercheny-hussards, avec rang de mestre de camp, blessé à Nieubourg, le 24 février 1734, le fut encore à Emsdorf le 16 juillet 1760.

POLLET (le s^r), capitaine aux grenadiers de France, tué à la bataille de Minden en 1759.

POLOGNE (le s^r de), officier au régiment de Rambures, blessé au combat de Seneff en 1674.

POLY (Claude de), capitaine au régiment de Poitou, tué à la bataille de Malplaquet en 1709.

POLY (le chevalier de), capitaine au régiment de Poly cavalerie, est blessé à la bataille de Todenhausen, août 1759.

POLY SAINT-THIBAUT (François-Gaspard, comte de), marquis de Chausnis, chevalier de Saint-Louis, d'abord capitaine de cuirassiers, puis colonel du régiment des Landes de 1748, mestre de camp de celuy de Poly en 1749, lieutenant général des armées du roy et chevalier d'honneur de la chambre des comptes, blessé aux batailles de Parme et d'Ettingen en 1734 et 1743, mourut en 1783.

Poly (François-Baptiste de), son frère, lieutenant au régiment du Maine, tué à la bataille de Parme en 1734.

Poly (le chevalier de), capitaine au régiment de Poly cavalerie, blessé à la bataille de Minden en 1759.

Pomairol (le s^r de), lieutenant au régiment de Condé, blessé à la bataille de Minden en 1759.

Pomarel (le s^r de), commandant de bataillon au régiment de royal vaisseau, blessé au même siége en 1692.

Pomeraidemont (le s^r de), capitaine au même régiment de royal vaisseau, blessé au même siége en 1692.

Pomerède (le s^r de), est blessé à l'expédition du colonel Gassion, près de Mirecourt en Lorraine, novembre 1635.

Pomerelle (le s^r de la), brigadier des chevau-légers de la garde, blessé à mort au siége de Mons en 1691.

Pomeret (le s^r), gendarme de la garde du roi, blessé au combat de Leuze en 1691.

Pomereuil, capitaine blessé au combat de Saint-Denis en 1678.

Pomeuse (le s^r de), capitaine au régiment d'Espance, blessé le 15 février 1656, dans une escarmouche très-vive près du Quesnoy.

Pommais (le s^r de), mousquetaire de la garde du roy, tué au siége de Maëstrick en 1673.

Pommarede (le chevalier de), capitaine de brûlot, du port

de Brest, mort à la Havane, commandant le *Favory*, le 26 may 1702.

POMMEREUIL (le seigneur), commandant l'artillerie dans l'armée d'Italie, tué au siége d'Arona en 1523.

POMMEREUIL (le s^r de), premier capitaine au régiment de Lorge, est tué, le 26 octobre 1667, au village de Mignant, en Flandre, dans un combat avec les Espagnols.

POMMEREU (François de), chevalier de Malte, tué au siége de Candie en 166...

POMMEREU (N..... de), son frère, aussy chevalier de Malte, tué au même siége.

POMMEREU (Alexandre-Jacques de), capitaine aux gardes françoises, tué à la bataille d'Ettingen en 1743.

POMMEREUIL (le s^r de), capitaine au régiment de Rambures, tué à la bataille de Seneff en 1074.

POMMEREUIL (le s^r de), enseigne aux gardes françoises, maréchal de camp et gouverneur de Doüay, blessé au siége de Maëstricht en 1673.

POMMOY (Micheau de), chevalier, tué à la bataille de Poitiers en 1356.

POMMAVAL (le s^r), capitaine au régiment de la Motte, blessé à la bataille gagnée sur les Espagnols le 11 juillet 1640, devant Turin.

POMPADOUR (Geoffroy, *vicomte* de), chavalier de l'ordre du Roy et gouverneur de Limosin, fut tué d'une arquébusade qui luy perça la tête à côté de l'oreille, au siége de Mucidan en 1569.

POMPADOUR (Jean, comte de), chevalier de l'ordre du Roy, fut tué aussy au même siége.

POMPERAN (le seigneur de), capitaine d'une compagnie

d'armes de ses ordonnances, fut tué au siége de Naples en 1528. Ce fut lui qui tira le roy François Ier des mains des soldats à la bataille de Pavie.

Pompignan (le s^r de), capitaine au régiment de cavalerie de Boissac, est tué le 22 juin 1645 au siége de Lérida.

Ponat (le chevalier de) est blessé à la bataille du Thésin, 1636.

Ponce (le s^r de), capitaine de grenadiers au régiment de Piémont, tué au siége de Namur en 1692.

Poncenac (le seigneur de,) capitaine aux gardes françoises, tué au siége du Broüage en 1577.

Poncenac (le seigneur de), capitaine au régiment de Sacromon, blessé au siége de Monségur en 1586 (de Thou).

Poncet (Antoine), gentilhomme, sous la conduite du baron de Sassenage tué le 6 août 1624, à la bataille de Verneuil.

Poncet (N.....), sous-lieutenant aux gardes françoises, est blessé au siége de Maëstricht en juin 1673, et tué en 1674 au siége de la citadelle de Besançon.

Poncet (François de), capitaine ayde-major au régiment de la Couronne, tué à l'attaque des Prussiens par le comte d'Apchon, près de Ramen sur le Lippe, le 2 juillet 1761.

Poncet (le s^r du), ayde-major des grenadiers royaux de Solar, blessé au bras à la bataille d'Hartembeck en 1757.

Ponche (le chevalier de la), blessé à la défense de Grave en 1674, doit être le même que le s^r *de la Ponge*, officier au régiment de Normandie, qui en effet fut blessé à ce siége.

Pondias (le s^r de), lieutenant aux gardes françoises, blessé à la bataille d'Ettingen en 1743.

Pondias (le chevalier de), lieutenant au régiment de Navailles, est tué au siége de Puycerda en 1678.

Pondillan (le chevalier de), est blessé dans le combat du 27 avril 1652, avec les Espagnols, devant Barcelone.

Ponge (de la). (V. de la Ponche.)

Ponat (Jean-Baptiste de), chevalier de Malte, capitaine au régiment de Sault, mort en 1638, d'une blessure qu'il reçut en se jetant avec sa compagnie dans la ville de Trin, assiégée par les ennemis.

Poniatowski (N.), aide de camp du maréchal de Noailles, tué dans l'attaque d'une tranchée, dans la campagne de Flandre. Juin 1744.

Pons (Renaud, *sire* de), vice-roy de Navarre, tué à la bataille de Poitiers en 1356.

Pons (Renaud de), son fils, tué à la même bataille, pendant laquelle il combattit avec une valeur remarquable.

Pons (Renaud de), comte de Bergerac, tué à la bataille de Nicopolis en 1396.

Pons (François, sire de), comte de Marennes, de Monfort et de Bergerac, tué à la bataille d'Aignadel en 1509.

Pons (Gédéon de), baron du Vigean, tué à la journée d'Anvers en 1583.

Pons (Alexandre de), seigneur de Rennepant, ayde de camp du maréchal de Marillac, tué au siége de Montauban en 1621.

Pons-Saint-Marc (le sr de), capitaine d'infanterie, est blessé à la défense de Miravel en Catalogne, mars 1643.

Pons (Jacques-Henry de), marquis de la Caze, enseigne des gardes du corps et gouverneur de Cognac, blessé à la bataille de Lutzen 1674, mourut en 1702.

Pons (Louis-François, dit le *comte de*), major du régiment de Rennepont, tué à la Miranolle en Italie à l'âge de 23 ans.

Pons (Dominique de), son frère, dit d'abord le *marquis d'Haraucourt*, puis le *marquis de Rennepont*, colonel du régiment de Rennepont, tué à la bataille de Castiglione en 1706.

Pons (Pierre de), son autre frère, chevalier de Malte, et appelé depuis le *comte de Rennepont*, mestre de camp du régiment de Rennepont cavallerie, tué aussy à la même bataille.

Pons (le s^r de), lieutenant au régiment de la Tour du Pin, tué à l'affaire de Carillon en Canada, le 8 septembre 1758.

Pons (le chevalier de), chevalier de Saint-Louis, capitaine aux grenadiers de France avec rang de lieutenant-colonel, eut le pied écrasé à la bataille de Minden en 1759.

Pons-Chevigny (le *comte de*), tué à la bataille d'Ettingen en 1743.

Pons-du-Breuil (le s^r de), mousquetaire du roy de la 2° compagnie, tué à la bataille d'Ettingen en 1743.

Pons (le s^r de), capitaine au régiment royal des vaisseaux, blessé à la bataille de Laufeldt en 1747, paraît ne pas devoir être distingué de *François-Alexandre du Pont, capitaine au même régiment*, reçu chevalier de Saint-Louis en 1747.

Pons (le s^r de), capitaine au régiment des grenadiers de France, est blessé à la bataille de Todenhausen, août 1759.

Pont (Jean de), seigneur de Cantepie, tué à la bataille de Montcontour en 1569.

Pont (François de), seigneur de Cantepie, gendarme de la compagnie du connétable, puis chevau-léger de la compagnie colonelle des chevau-légers du comte d'Auvergne étant de garde à Villers-Cotterets, fut blessé au bras gauche en secourant la sentinelle, et perdit trois chevaux de la valeur de mille livres, d'après une attestation du duc de Rohan du 12 avril 1617. Il fut tué au siége de Montauban.

PONT DE VEILLAINE, enseigne de vaisseau du port de Rochefort, tué devant Gibraltar le 2 janvier 1705.

PONT (du). (V. le s^r de PONS, capitaine du régiment royal des vaisseaux.)

PONT (Yvon du), seigneur de Rochescroie, chevalier, tué à la bataille de Poitiers en 1356.

PONT (le sire du), tué à la bataille d'Auray en 1364.

PONT (Pierre, baron du), et de Rostrenen, tué à la bataille de Saint-Aubin-du-Cormier en 1488.

PONT (Guillaume du), tué à la bataille que le Dauphin, aux intérêts duquel il était attaché, livra au duc de Bourgogne en 1421.

PONT (Armand du), dit de *Sainte-Margueritte*, tué au siége de Salers sous Louis XIII.

PONT (Abel du), guidon de la gendarmerie, tué dans les guerres de Louis XIV.

PONT (Joseph du), chevalier de Saint-Louis, capitaine de grenadiers au régiment de Navarre, puis brigadier des armées du roy, commandant à Pampelune, à Landrecies, puis à Toulon, où il mourut en 1733 ; reçut un grand nombre de blessures dans les guerres de Louis XIV ; on ne peut douter qu'il ne soit le même que le 1er *du Pont, capitaine au même régiment,* qui avait été blessé au siége de Luxembourg en 1684. et encore que le s^r *du Pont, officier au même régiment,* qui le fut aussy à la bataille de Malplaquet en 1709.

PONT (le s^r du), commandant de bataillon au régiment de Normandie, blessé au combat de Chiari en 1701.

PONT (le s^r du), chevalier de Saint-Louis, capitaine au régiment de Navarre, puis major de la Villeneuve à Nancy, fut blessé en différentes actions sous Louis XV.

PONT-D'ALY (Pierre du), dit le *capitaine Pierrepont*, gentilhomme savoyard, écuyer d'écurie du roy et lieutenant de la compagnie de cent hommes d'armes du duc de Lorraine que commandoit le chevalier Bayard, son oncle, fut tué à la bataille de Pavie en 1515, près la personne du roy et en la défendant. L'histoire en parle comme d'un excellent officier.

PONT-D'AUBEVOYE (Henry-Charles du), dit le *chevalier de la Roussière*, chevalier de Saint-Louis, capitaine d'artillerie, blessé à la bataille de Rosback en 1757.

PONT D'AUBEVOYE (René-Jacques-Claude du), comte de la Roussière, lieutenant au régiment de Saint-Jal-cavallerie, eut un cheval tué sous luy à la bataille de Minden en 1755.

PONT DE COMPIÈGNE (Balthasar du), dit le *chevalier de Jonchère*, ayant formé le dessein d'incendier l'escadre anglaise qui bloquoit Zeulence en 1759, projet hardi qu'il auroit exécuté s'il n'eût pas été trahi par l'un de ses déserteurs qui l'éventa aux Anglois, reçut six coups de fusil à travers le corps dans cette entreprise, et mourut quelques heures après.

PONT DE COMPIÈGNE (N..... du), tué à la bataille de Guastalla en 1734.

PONT DE COMPIÈGNE (Joseph du), son frère, chevalier de Saint-Louis, colonel d'infanterie et gouverneur de Bar-sur-Aube, se retira du service à raison de ses blessures.

PONT DE COMPIÈGNE (Nicolas du), capitaine et chef du

vol des oiseaux de la chambre du roy, avoit été blessé dangereusement à la prise de Montmedy en 1657.

Pont de Gault (le sr du), tué en 1709 à la bataille de Malplaquet à la tête de son régiment. (Il eut un fils tué au blocus de Luxembourg.)

Pont de Gault (Pierre-Henri du), seigneur de Baignon et de Touchelonge, chevalier de Saint-Louis, gendarme de la garde du roy, capitaine de cavalerie et commandant la capitainerie, garde-côte de Châtelvalon, blessé en 1743 à la bataille d'Ettingen, reçut plusieurs autres blessures au service, entre autres un coup de baïonette dans la poitrine dont il resta fort incommodé.

Pont de Veillene (de), lieutenant de vaisseau du port de Rochefort, mort aux isles sur l'*Emporté*, commandé par M. de Montbault, le 3 juillet 1702.

Pont de Veillene (Paul-René du), chevalier de Saint-Louis, capitaine de grenadiers au régiment de la Marche avec rang de major, fut blessé à la bataille de Minden en 1759 et quitta le service en 1772.

Pont du Vivier (du), enseigne de vaisseau du port de Rochefort, mort à l'Isle royale le..... 1713.

Pont Sainte-Marie (du), enseigne de vaisseau, du port de Brest, mort aux Isles le..... 1703.

Pontact (le sr du), chevau-léger de la garde du roy, tué au siége de Mons en 1691.

Pontagnan (le sr de), capitaine dans le régiment d'Auvergne infanterie, blessé au combat près de Rhimberg, octobre 1760.

Pontaizière, capitaine au régiment de la Ferté-Seneterre, est tué au siége de Chatté, septembre 1651.

10

PONTALLIER (Jean de), seigneur de Talency, baron de Pleurs, chevalier de l'ordre du roy, et capitaine de 50 hommes d'armes de ses ordonnances, tué à la bataille de Montcontour en 1569.

PONTAULT (N..... de) servit longtemps dans les armées du roi Henry IV où il reçut plusieurs blessures.

PONTAULT (Sébastien de), seigneur de Beaulieu le Donjon, chevalier de l'ordre du roy, maréchal de ses camps et armées et l'un de ses gentilshommes savans, blessé d'une mousquetade à la jambe au combat de Veillane en 1630, et d'un coup d'épée à travers le corps au siége d'Arras en 1640; eut encore le bras droit emporté d'un coup de canon au siége de Philisbourg, et mourut le 10 août 1774.

PONBREAUT (de), enseigne de vaisseau du port de Brest, mort aux Isles, en 1692.

PONBRIANT (le ch⁰ʳ de), enseigne de vaisseau du port de Brest, mort sur le *Maure*, le 7 février 1693.

PONTCARRÉ (le sʳ de), lieutenant au régiment de Lentillac, blessé dans une escarmouche entre un régiment et un parti de la garnison de Gravelines, en 1644. (*Mercure*, 1644.)

PONTCHARNAULT (le sʳ de), chevalier de Saint-Louis, premier capitaine du régiment de Marsan, tué à la bataille d'Ettingen en 1743.

PONTCHAROT (le sʳ de), officier au même régiment de Marsan, fut blessé en 1743 à la défense de Dingelfingen. (N'y auroit-il pas quelque rapport de ce militaire avec le précédent?)

PONDEVAUX (le sʳ de), est blessé au siége de Mardik, août 1648, ce qui toutefois ne l'empêche pas de se distinguer à la bataille de Lens, quelques jours après.

PONTÉCOULANT (le s^r), capitaine au régiment du roi, se trouve à la bataille de Rocroy, mai 1643.

PONTÉ-COULAN (*sic*) (le s^r), cornette au régiment d'Escars, est tué à la bataille de Rosbach, novembre 1757.

PONTEVEZ DE LA GARDE, enseigne de vaisseau du port de Toulon. Noyé sur la barre de Bayonne dans la *Iolie*, le 22 novembre 1702.

PONTEVÉS (le s^r de), capitaine au régiment de Bourbonnais, tué au siége d'Ipres en 1744.

PONTEVÉS (Claude-Henry de), lieutenant de Champagne, tué au siége de Fribourg en 1744.

PONTEUIL (le s^r de), fils, chevau-léger de la garde du roy, tué au siége de Mons en 1691.

PONGIBON, sous-lieutenant au régiment de Périgord, blessé à la bataille de Staffarde, le 18 août 1690.

PONTHIEU (Guy II, comte de), croisé avec Louis le Jeune, mourut de maladie à la suite de longues fatigues en 1147, à Éphèse.

PONTHIEU (le comte de), tué au siége d'Acre en 1191.

PONTHIEU (Jean, comte de), parti pour la croisade, est tué au siége de Ptolémaïs en 1191.

PONTHIEU (Jean de), comte d'Aumale, baron de Montgommery, seigneur d'Epernay, tué à la bataille de Courtray en 1302.

PONTHIEU (de), enseigne de vaisseau du port de Rochefort, mort sur la *Friponne*, le 12 mai 1691.

PONTHIEU (le s^r de), gendarme de la garde du roy, blessé à la bataille d'Ettingen, 1743.

PONTIS (Louis de), seigneur de Pontis et d'Ulbaie, gentilhomme ordinaire de la chambre du roy. Lieutenant aux gardes françoises, puis capitaine au régiment de Bresse et commissaire général des Suisses, reçut 17 blessures pendant plus de dix ans qu'il servit. Ce doit être luy sous le nom de *Pontis*, que l'on trouve compris parmi ceux qui furent blessés au siége de Tonneins en 1612; depuis il se retira à l'abbaye de Port-Royal des Champs où il mourut âgé de 87 ans, le 14 juin 1670; il étoit entré dans le régiment des gardes sous Henry IV.

PONTIS D'ARTIS, lieutenant de port de Rochefort, mort commandant la *Megère*, au fort de la Martinique, le 8 juillet 1765.

PONTLEVOIS, lieutenant de vaisseau, du port de Port-Louis, tué sur le *Bourbon*, commandé par M. le comte d'Arquiant, le 15 mars 1707.

PONTLOUIS (le s^r de), capitaine au régiment de Normandie, tué au combat de Chiari en 1701.

PONTMARTIN (le s^r), capitaine au régiment Dauphin, est blessé au siége de Maestricht, juillet 1673.

PONTRONEL (le s^r de), gendarme de la garde du roy, blessé à la bataille d'Ettingen en 1743.

PONTROULAN, capitaine, est blessé à la bataille de Rethel, 1651.

PONTVALEY (le s^r de), chevalier de Saint-Louis, capitaine de grenadiers au régiment de Champagne, blessé d'un coup de sabre sur le cou au siége de Prague en 1742, le fut encore en 1743 à l'attaque de la redoute de Rhinvillers, et mourut à Nancy en 1744.

PONTVILLE (de) — (Voy. de ROCHECHOUART-PONTVILLE.)

POPULUS-DE-SAINT-~~PROTHAIS~~ e-Marie (le s^r ~~de~~), chevalier de Saint-Louis, eut la jambe droite cassée d'un coup de flèche et un bras percé de part en part d'un pareil coup en commandant un détachement contre les sauvages à la Louisiane.

PORCELLETS (Tanneguy des), seigneur de Maillanne-du-Luc et de la Tour-d'Argence, lieutenant d'une compagnie d'ordonnance, gouverneur et viguier de Beaucaire, servit depuis sur mer, et reçut plusieurs blessures, d'après une remontrance qu'il fit au roy le 13 avril 1545.

PORCELET (le s^r), enseigne au régiment de Roussillon, est tué le 14 avril 1687 en repoussant les Espagnols qui avoient fait une sortie du grand fort de l'île de Sainte-Marguerite.

PORCELLETS-DE-MAILLANNE (Marc-Henry des), chevalier de Malte, tué à la bataille de Cassel en 1677.

PORCELLETS (Louis-Joseph des), marquis de Maillanne, gouverneur de Tarascon, commandant 4000 Vénitiens au siége de Patras contre le Turc, où il se signala étant monté le premier à l'assaut et, y ayant été blessé, mourut à Arles le 16 août 1695.

PORCELLETS-DE-MAILLANNE (N..... des), chevalier, commandeur et grand-croix de l'ordre de Malte, capitaine au régiment des Cravates, grand veneur de S. A. R., madame la duchesse douairière de Lorraine et de Bar et de François III, grand-duc de Toscane, servit plus de vingt ans dans les armées du roy, et il y reçut plusieurs blessures.

PORCHEUSE (le s^r de), capitaine au régiment des gardes, est blessé à la prise de Boulas sur les Lorrains, juin 1635.

PORCHEUSE (le comte de) est blessé au siége de Dunkerque, octobre 1646.

PORCHEUX, capitaine du régiment des Gardes, tué à la Mothe-au-Bois en 1646.

PORCHEUX, frère ou parent du précédent, également capitaine dans le régiment des gardes, tué à Lens le ..... 1648.

Porcon (Jean de), dit le *grand Porcon*, chevalier, seigneur de Porcon et de Bonnefontaine, fut l'un des chefs de l'armée que Louis XII envoya contre les Turcs dans l'île de Metelin et il y fut tué avec le suivant, son frère.

Porcon (Jean de), son frère, dit le *petit Jean Porcon*.

Pordiac (de). — (Voy. de Pourdene.)

Porée (le s^r), commandant le *Saint-Esprit*, s'empara vers le cap de Finistère d'un corsaire de Flessingue après un combat où il est dangereusement blessé, 1696.

Poriadou (le s^r), guidon des gendarmes du maréchal de Gassion, est blessé au siége de Bourbourg, août 1645.

Porni-de-Bellefin (Gilles de), chevalier de Saint-Louis, capitaine au régiment de Soissonnais et major de Mariembourg, blessé d'un coup de feu en 1741 à l'attaque d'un village près de Lintz, le fut encore à la tête et dangereusement à la jambe droite d'un éclat de bombe au siége de Fort-Saint-Philippes en 1756; puis en Corse, il reçut un coup de fusil à travers la cuisse droite à l'attaque du village de Burgo.

Porquet de la Boulardière (le), enseigne de vaisseau du port de Rochefort, mort à l'isle Royale, le 6 juin 1738.

Portail (François), capitaine au régiment de Picardie, tué à la bataille de Seneff en 1674.

Portail (Louis), seigneur de Chatou, sous-lieutenant des chevau-légers de Bretagne, tué à la bataille d'Hoschtet en 1704.

Portal-de-Saint-Alby (le s^r du), chevalier de Saint-Louis, capitaine de grenadiers au régiment de Bretagne, tué au siége de Fort-Saint-Philippes en 1756.

Portal-de-Saint-Alby (le s^r du), chevalier de Saint-Louis, capitaine de grenadiers, puis major du même régiment avec rang de lieutenant-colonel et brigadier des armées du roy en 1782, fut blessé à la journée du 23 août 1762 et mourut en 1787 ou 1788.

PORTALIS (le sᵣ de), officier de vaisseaux du roy, tué au siége de Mahon.

PORTE (Humbert de la), gentilhomme sous la conduite du baron de Lassinage, tué le 6 août 1624 à la bataille de Verneuil.

PORTE (Collart de la), seigneur de Bellincourt, tué à la bataille d'Azincourt en 1415.

PORTE (N..... de la), fut blessé au siége de Pontoise sous Henri IV, vivant dans la compagnie des gendarmes de la reine.

PORTE (Raoul de la), seigneur de Boishel (oncle du maréchal de la Meilleraye), fut tué au service.

PORTE (Pierre de la), seigneur de la Suardière. Premier valet de chambre du roy, servit dans le régiment des gardes françoises et dans la compagnie des gendarmes de la reine, et reçut au siége de Casal, sous Louis XIII, des blessures que l'on crut mortelles, d'après les propres termes des lettres patentes que lui accorda Louis XIV au mois de juillet 1643.

PORTE (la), cornette du régiment Lalande, blessé le 18 août 1690 à la bataille de Staffarde.

PORTE (le sᵣ de), officier de carabiniers, fut blessé à la bataille d'Ettingen en 1743.

PORTE (le sᵣ de), lieutenant au régiment de Mailly, tué à la bataille de Rosback en 1757.

PORTE (Louis-Hugues de la), chevalier de Saint-Louis, commandant les quatre compagnies à pied du régiment de la reine dragons, obtint en 1708 une pension de retraite de 600 francs motivée sur ses services et ses blessures.

PORTE (Joseph de la), seigneur de la Porte, de l'Artaudie et de Lissac, chevalier de Saint-Louis, lieutenant-colonel d'infanterie, major à Toulon, puis lieutenant du roy à Sarrelouis et lieutenant des maréchaux de France à Brives, blessé d'un coup de fusil à la tête au siége de Coni en 1744, le fut encore à la cuisse au siége du Mans en 1746 par l'effet d'une balle qui s'aplatit contre la lame de son épée.

PORTE (Joseph de la), seigneur de la Porte, de l'Artaudie et de France à Brives, fut blessé en 1695 pendant l'investissement d'Ostalric en Catalogne.

PORTE-DE-MONTAIGNEU (François de la), capitaine-lieutenant des chevau-légers de M. le duc d'Orléans, fut tué au service du roy, combattant vaillamment contre ses ennemis, d'après des lettres de Louis XIV du 18 janvier 1648.

PORTE-LARNAGOL (Antoine de la), capitaine d'infanterie, fut blessé au siége de Turin en 1706.

PORTE-DE-REMAINEL (le chevalier de la), officier au régiment de Rochefort, blessé à la poitrine et à une cuisse au siége du Fort-Saint-Philippes en 1756.

PORTEBISE (le s^r de), officier des colonies, tué le 27 octobre 1747 sur le *Neptune* dans le combat du Mis de l'Etenduere contre les Anglois.

PORTEI (le s^r), capitaine au régiment de Guiche, tué à la bataille de Nervinde en 1693.

PORTELS (le s^r de), capitaine au régiment de Vastan, blessé à l'épaule à la bataille de Minden en 1759.

PORTERIE (Jean de la), capitaine au régiment de Vaubecourt, mourut à Sedan des blessures qu'il reçut en 1636 dans l'armée commandée par le cardinal de la Valette et par le duc de Saxe-Weimar.

PORTERIE (Charles de la), seigneur de Castelmerle, capitaine au régiment de la marine, blessé au siége de Bellegarde en 1575, mourut de cette hlessure en la même année.

PORTERIE (Dominique de la), du Cardenau, son frère, chevalier de Saint-Louis et lieutenant-colonel du régiment de Charolais, blessé aux siéges de Namur et d'Ath en 1692 et 1697, fut tué d'un coup de canon en montant la tranchée au siége de Denin en Espagne, en 1707.

PORTERIE (Jean-Baptiste de la), son autre frère, seigneur de la Plaigne et de Cardenaux, chevalier de Saint-Louis, capitaine au régiment de la marine en 1683, puis major de celuy de Charolois en 1676, major de la ville de Nice en 1705 et commandant à Sorpello, fut blessé à la bataille de Saint-Jean-de-Pauges.

PORTERIE (Louis de la), fils du précédent, enseigne de la compagnie colonelle du régiment de Charolois, tué au combat d'Eckesen en 1703, n'étant encore âgé que de seize ans.

PORTERIE (François de la), chevalier de Saint-Louis, lieutenant-colonel du régiment mestre de camp général dragons, puis lieutenant général des armées du roy et commandant à Cambray, fut blessé d'un coup de fusil à la tête au siége de Prague en 1742, eut un cheval tué sous luy à la bataille d'Ettingen en 1743; fut encore blessé au siége d'Ypres en 1744 d'un éclat de bombe à l'épaule, et reçut un coup de fusil à la jambe à celui de Namur en 1746; il mourut en 1789.

PORTERIE (Philippes de la), son frère, chevalier de Saint-Louis, major du régiment de Mailly, tué à la bataille de Rosback en 1757.

PORTUGAL (François de), comte de Vimioso, fut percé de

plusieurs coups et mourut de ses blessures à la bataille des Açores en 1582. M. de Thou en parle comme d'un homme audacieux qui en imposa au général Strozzi par mille feintes qu'il inventait chaque jour, et que ce fut à son instigation que cet armement s'était fait, bravant le péril par un excez de vanité naturelle.

Poscieux (le s^r de), lieutenant au régiment du Gars, est blessé au siége de Porto-Longone, novembre 1646.

Possac (le s^r de), chevalier de Saint-Louis, capitaine de grenadiers au régiment de Normandie, blessé au siége de Berg-op-Zoom en 1747.

Postel (Alexandre), seigneur de Launay, lieutenant au régiment de Champagne, tué au service du roy en Catalogne en 1654.

Postel (Jean de), seigneur d'Averne, lieutenant-colonel du régiment de Navarre, maréchal de camp, conseiller d'État d'épée, mestre de camp d'un régiment d'infanterie, gouverneur de Bapaume et maître d'hôtel du roy, tué au siége de Bapaume en 1642.

Pot (Jacques), seigneur de Thoré, gouverneur de Bar-sur-Seine, tué à la prise de cette ville en 1475.

Pot (René), seigneur de la Roche de Nollay, échanson du roy et sénéchal de Beaucaire, fut tué d'un coup d'artillerie au siége de Salces, et ce dut être sous Charles VIII ou Louis XII.

Pot (Henry), chevalier, seigneur de Rhodes, porte-cornette blanche, tué à la bataille d'Ivry, en 1590, d'un coup mortel qu'il reçut dans les yeux : jeune homme distingué par sa bravoure, dit de Thou.

Pot (François), chevalier, seigneur de Rhodes, grand maître des cérémonies de France, prévôt, maître des cérémonies des ordres du roy, premier écuyer tranchant et porte-cornette blanche, tué au siége de Montpellier en 1622.

POTART (Jérôme), seigneur de la Ruelle, lieutenant d'une compagnie de gens de pied, puis commissaire de la gendarmerie, fut blessé à la prise de Rouën d'une arquebusade au corps, puis d'un pareil coup au siége d'Issoire et d'un autre à la cuisse à celuy de la Fère en 1500.

POTART (Philippe), sieur de la Ruelle, et Pierre Potard sont tués au siége de Maestricht, 1632.

POTERAT (Jacques), cadet au régiment des gardes françoises, tué au siége de Dolle en 1686 en montant à l'assaut.

POTERAT (Claude), seigneur de la Forge Vallecour, lieutenant au régiment de Picardie, blessé à la bataille de Saint-Denis, mourut en 1714.

POTERAT (Pierre-Bruno), lieutenant au régiment de Lorraine, blessé au combat d'Oudenarde en 1708, le fut encore d'un coup de feu à travers le corps à la bataille de Malplaquet en 1705 et fut écrasé d'une bombe au siége d'Aire en 1710.

POTERAT-DE-SAINT-SEVER, chevalier de Saint-Louis, capitaine, commandant au régiment de Marsan avec rang de lieutenant-colonel, fut blessé à la retraite de Bavière en 1743.

POTERAT (Claude), seigneur de Thurey et d'Assenay, chevalier de Saint-Louis et de l'ordre de Saint-Lazare, lieutenant-colonel du régiment d'Orléans cavallerie, maître d'hôtel ordinaire du roy et brigadier de ses armées, fut grièvement blessé à la bataille de Lutzelberg en 1758.

POTERIE (le s^r de la), capitaine au régiment de Champagne, tué au combat de Suitzem en 1674.

POTERIE (le s^r de la), commandant de bataillon au régiment de Bourbonnois, blessé au combat de Steinkerque en 1691.

POTHUY-D'HARMEVILLE (Jean-Baptiste de), chevalier de Saint-Louis, chef de bataillon au régiment de Touraine avec rang de major, reçut à la bataille de Minden en 1759 plusieurs coups de sabre sur la tête et au corps, et fut encore blessé à deux siéges d'un coup de feu au pied et d'un éclat de bombe.

(V. D'ARMEVILLÉ au cas de rapport avec cette famille.)

POTIAUMES (Robert de), tué à la bataille d'Azincourt en 1415.

POTIER (Louis), marquis de Gèvres, capitaine des gardes du corps du roy. Lieutenant général de ses armées, gouverneur de Touraine, commandant en Champagne, grand bailly de Vallois et de Caen, dangereusement blessé d'un coup de grenade à la tête et de plusieurs coups de pierre au siége de Fontarabie en 1638, reçut encore 17 blessures à celuy d'Arras en 1640. Les lettres d'érection du duché-pairie de Trêmes qu'obtient René Potier, son père, au mois de novembre 1648, portent qu'il en reçut 38 au service du roy, notamment au combat de Sailly où il se signala et reçut 33 blessures ; il fut tué le 4 août 1643 au siége de Thionville de la ruine d'une mine qui l'écrasa ; ce fut pendant la prise de cette ville que le roy lui accorda un brevet d'expectative de l'état de maréchal de France.

POTIER (François), son père, marquis de Gandelus et de Gèvres, capitaine aux gardes du corps et maréchal de camp, tué d'un coup de mousquet au siége de Lerida en 1646.

POTIER, chevalier de Novion, est blessé au siége de Candie, août 1669.

POTIER, enseigne de vaisseau du port de Rochefort, tué au combat du 7 juin 1673.

POTIER (Louis), marquis de Gandelus, colonel du régiment royal des vaisseaux, brigadier des armées du roy et inspecteur d'infanterie, mort à Strasbourg, le 14 avril 1689, d'une blessure qu'il reçut au siége d'Oberkirchen, dans le Palatinat.

POTIER (Nicolas), dit le *comte de Montaiglan*, capitaine au régiment de Toulouse cavallerie, tué à la bataille de Ramillies en 1706.

POTIER (François-Bernard), duc de Trêmes, pair de France, chevalier des ordres du roy, premier gentilhomme de sa chambre, brigadier de ses armées, gouverneur de Paris, du duché de Valois et de la ville de Crépy, fut blessé au siége de Mameheim en 1688, il mourut le 12 avril 1739.

POTIER-DE-LA-BUCAILLE (Nicolas), chevalier de Saint-Louis, chef de bataillon au régiment de Touraine cavallerie, tué à la bataille de Ramillies en 1706.

POTIER, chevalier de Courcy, sous-lieutenant de galliote et d'artillerie du port de Rochefort, périt sur le *Chameau*, le 27 aoust 1725.

POTIER-DE-LA-BUCAILLE (Nicolas), chevalier de Saint-Louis, chef de bataillon au régiment de Touraine, tué à la bataille de Minden en 1759.

POTIER-DE-POMMERAY (René-Gédéon), capitaine d'une compagnie de troupes nationales des isles de Cayenne, se retira du service en 1768 à raison de ses blessures.

POTIN, enseigne de vaisseau du port de Brest, périt sur le *Magnanime*, le 22 janvier 1712.

POTRELOT (Remy), gendarme de la garde du roy, quitta le service à raison des blessures qu'il avoit reçues en 1706 à la bataille de Ramillies, et qui luy causèrent la mort peu de tems après.

POTRELOT-DE-GRELLAU (Édouard), chevalier de Saint-Louis, capitaine de carabiniers, reçut plusieurs blessures au service, ainsy qu'il est constaté par des lettres patentes du roy du mois de may 1759.

POTRES (le seigneur de), tué à la bataille d'Azincourt en 1415.

POUCHANTALE, capitaine au régiment de la Chastre, blessé à la bataille de Fleurus, le 1er juillet 1690.

POUCHEROL (le sr de), officier au régiment d'Aiguebonne, est blessé à la bataille du Thésin, 1636.

POUDENX (François, baron de), chevalier de Saint-Louis, ancien capitaine au régiment de Bourbonnois, lieutenant et ayde-major aux gardes françoises, puis colonel du régiment du roy en 1760 et premier maître d'hôtel du duc d'Orléans, reçut trois blessures au service, et obtint sa retraite en 1762.

POUDENX (N..... de), officier au régiment de Navarre, blessé à la bataille de Cassel en 1677.

POUDENX (Jacques de), son frère, capitaine au régiment de sapeurs, tué au siége de la Rochelle.

POUDENX (Bertrand), capitaine au régiment de Tonneins et maréchal de bataille, tué d'un coup de mousquet dans la tranchée au siége de Fontarabie, 1638.

POUGETERIE-DE-RIVIÈRE (la), enseigne de vaisseau du port de Brest, noyé sur l'*Oriflamme* le dernier février 1691.

POUHUS (le seigneur de), tué au siége de Brouage en 1577, servant dans l'armée catholique.

POUILLAC (de), lieutenant au régiment des gardes, est

blessé le 8 juillet 1678 en se battant comme volontaire dans le combat où le maréchal de La Force défait près de Saint-Omer une partie de l'armée du général Picolomini.

POUILLAC (le s^r de), capitaine au régiment de Picardie, est blessé à la bataille de Rocroy, juin 1643. C'est lui, sans doute, que l'on retrouve commandant un corps de troupes à la bataille de Rethel, décembre 1650.

POUILLY (Jean de), seigneur de Lançon, capitaine-lieutenant des gardes du corps du roy, lieutenant général de ses armées, gouverneur de Saint-Menehould et de Mezières, blessé au combat de Saint-Godard, 1664, le fut encore à ce qu'il paroît sur la fin de l'année 1675, d'après une lettre que luy écrivit M. de Houvots le 3 janvier 1676, par laquelle il lui mandoit que le roy avoit commandé de lui faire savoir qu'il étoit fort fâché de l'accident qui luy étoit arrivé, et qu'il espéroit que sa blessure seroit moins dangereuse que l'on avoit cru d'abord; il ajoute qu'il luy envoyoit un chirurgien par ordre du roy.

POUILLY (Antoine de), seigneur de Pouilly, baron de Cornay et de Fleville, capitaine au régiment du Plessis-Pralin, obtint du roy le 4 avril 1644 une pension de 1500 livres, motivée sur les grands secours qu'il luy avoit rendus, et sur ce qu'il avoit perdu l'usage de la vue à son service; il mourut en 1648.

POUILLY-DE-LANÇON (Henry de), lieutenant des gardes du corps écossais, reçut deux blessures au combat de Leuze en 1691, et mourut de la petite vérole au camp de Maclein en 1696.

Ferdinand-Louis, dit le *chevalier de Pouilly-des-Combes*, cornette de la seconde compagnie des mousquetaires, fut très-grièvement blessé au siége de Namur en 1692.

Pouju-Fradet (le s^r de), capitaine d'un régiment d'infanterie, est tué dans un combat avec les Espagnols près de Perpignan, février 1642.

Poul (le s^r), capitaine de dragons, vieux officier, homme de tête et de main, farouche, intrépide et grand partisan, fut tué en 1703 d'un coup de sabre qui luy partagea la tête dans un combat contre les Camisards (*Hist. des Camisards*).

Poulain (Antoine), seigneur de la Foresterie, garde de la marine à Toulon, reçut plusieurs blessures tant au combat naval d'Alicante qu'en plusieurs autres rencontres, et même jusques à trois dans le seul abordage d'un vaisseau ennemi, d'après des lettres du roy du mois d'octobre 1721.

Poulain (Claude), seigneur de Mouchy, chevalier de Saint-Louis, lieutenant-colonel du régiment d'Anjou cavallerie, reçut une blessure considérable à la cuisse à la bataille de Luzara en 1702, et eut deux doigts de la main droite emportés.

Poulain (Jacques), seigneur du Clos, servit dans les régiments de Mirabeau et de Grammont et fut blessé à la bataille de Cassano en 1705 ; il y eut une épaule cassée.

Poulain-du-Clos (Louis), chevalier de Saint-Louis, capitaine au régiment de Leve, puis dans celuy de Thierache et enfin dans celuy de Navarre, et major du fort Saint-André de Salins, reçut plusieurs blessures au service sous Louis XV.

Poulain (Augustin), s'étant embarqué en 1722 avec une compagnie envoyée dans les colonies de l'Amérique sur les rives du fleuve de Missisipi, il y fut pris et tué par les sauvages.

Poulain de Guerville, enseigne de vaisseau, mort à

Saint-Vincent, commandant de la Guadeloupe le 29 juillet 1719.

Poulet (le s^r), lieutenant au régiment de Bourbon-Busset, blessé à la bataille de Rosback en novembre 1757.

Pouligny (le s^r), enseigne au régiment des gardes françoises, est blessé au siége de Tortone, décembre 1642.

Poulpry (Gabriel-François-Joseph, marquis), chevalier de Saint-Louis, lieutenant des chevau-légers de la garde, maréchal de camp et premier écuyer de madame la duchesse d'Orléans, reçut plusieurs coups de feu à la bataille de Ramillies, en 1706, dont un lui perçant sa cuirasse lui fit une forte contusion ; il reçut encore un coup d'épée à l'épaule et plusieurs coups de sabre sur sa culotte sans laquelle il eût couru grand risque de la vie.

Poupardière (le s^r), mousquetaire du roy de la seconde compagnie, blessé à la bataille d'Ettingen en 1743.

Pouplière (le s^r), chevalier de Saint-Louis, capitaine de brûlots, perdit un bras d'un coup de canon dès la première année qu'il commença à servir sous Louis XIV.

Pourdeac (le baron), capitaine d'une compagnie, blessé au pied en 1562 dans une escarmouche près de Lectoure, fut massacré en 1560 par ordre du comte de Montgommery, chef des protestants, contre la foi de la capitulation d'Orthès en Béarn.

Pourcelet (le s^r), enseigne de la mestre de camp du régiment de Roussillon, est tué au siége de l'isle de Sainte-Marguerite, 1637.

Pourret (Sibeut), gentilhomme, tué le 6 aoust 1624 à la bataille de Verneuil, sous le commandement du baron de Sessenage.

Pousargues (Antoine-Joseph, dit le *Chevalier*), chevalier

11

de Saint-Louis, capitaine au régiment de Piémont, fut blessé aux batailles de Rosback et de Berghen en 1757 et 1759.

Pousargues (le sr de), son frère, chevalier de Saint-Louis et capitaine au même régiment, fut blessé en Flandres en 1745 et aux batailles de Rosback et de Berghen en 1759.

Poussardière (le sr de), capitaine au régiment de Trassy cavallerie, blessé en 1644 au siége de Fribourg. (*Mercure de 1644*).

Poussant (Joachim), seigneur du Bas-Vaudre, fut blessé au genou au siége d'Amiens en 1537.

Poussart (Charles), son frère, seigneur du Bas-Vaudre, tué à la défense du marquis de Varambon en Artois.

Poussart, marquis de Fors, mestre de camp du régiment de Navarre, est blessé et fait prisonnier au siége de Thionville, juin 1639, et meurt à Amiens le 28 août 1640, âgé de vingt ans, des nouvelles blessures qu'il avoit reçues le 2 août au combat des lignes devant Arras. Il est regretté de toute l'armée et de la cour.

Poussart-du-Vigeau (Louis), marquis de Fors, colonel du régiment de Navarre, tué en 1640 à l'attaque du fort Rantzau.

Poussehardiere (le sr), capitaine, est dangereusement blessé au combat de Fribourg, août 1644.

Poussemothe (Jacques de), seigneur de Thiersanville, gentilhomme ordinaire de la chambre du roy et capitaine d'une compagnie de 60 hommes de guerre, mourut le 17 septembre 1627 des blessures qu'il reçut à l'attaque de la demie lune du fort Saint-Martin, dans l'isle de Rhé.

Poussemothe-de-Thiersanville, capitaine de vaisseau

du port de Brest, mort sur le *Mars* commandé par M. de Roquefeuille, le 8 octobre 1719.

POUYNET (François), lieutenant au régiment royal comtois, tué à la bataille de Steinkerque en 1695.

POYADE (la), lieutenant au régiment de Crussol, tué à la défense de Mayence, septembre 1689.

POYANNE (le marquis de), commandant la gendarmerie et les carabiniers, est blessé d'un coup de feu et de plusieurs coups de sabre à l'action du 1er août 1759 près de Minden. Il est encore blessé d'un coup de baïonnette et d'un coup de feu à la bataille de Todenhausen, septembre de la même année.

POYPE (de la), seigneur de Serrières, de la Poype et de Tossien, chevalier, mort au service du roy Jean, dans la guerre de Guyenne.

POYPE (Pierre de la), gentilhomme dauphinois sous la conduite du baron de Sassenage, tué le 6 août 1524 à la bataille de Verneuil.

POYPE (Rolland de la), frère ou cousin du précédent, tué à la même bataille.

POYPE (Michel Falques de la), seigneur et baron de Serrières et de Vertrien, chevalier de l'ordre du roy, tué à la bataille de Montcontour en 1569.

PRACONTAL (Jean de), seigneur d'Ancône, blessé à la prise de Montélimart en 1587, fut assiégé par Lesdiguières dans son château d'Ancône et fut tué sur la fin de 1588 après un combat opiniâtre de trois heures.

PRACONTAL (Pierre-André de), seigneur de Gunar, lieutenant-colonel du régiment de Lyonnois, tué au siége de Dôle en 1668.

PRACONTAL (Étienne de), son frère, capitaine au régiment

de Ventadour, blessé au siége de Rosset, fut tué depuis au service.

PRACONTAL (Armand, dit le Marquis de), seigneur d'An-cône, chevalier de Saint-Louis, lieutenant général des armées du roy et gouverneur de Menin, blessé à la bataille de Ner-vinde en 1693, fut tué à celle de Spire en 1703.

PRACONTAL (N..... d e), capitaine au régiment d'Enghien, blessé à la cuisse à la bataille d'Hastembeck en 1757, fut tué à celle de Minden en 1759.

PRADAT (le s^r de), officier au régiment de Nerestan, est blessé à la bataille de Cazal, mai 1640.

PRADE-DE-GALGNEUR (le s^r de), commandant la frégate *les Jeux*, est tué en se défendant vigoureusement contre deux vaisseaux arabes qui l'étoient venu attaquer à la rade de Mangatlor sur les côtes du Malabar, 1697.

PRADE (le s^r de la), capitaine au régiment de Champagne, blessé au passage de la Sègre en 1645.

PRADE (le s^r de), aide-major du régiment mestre de camp général des dragons, est tué le 23 février 1758, à la défense d'Hoya.

PRADE (Raimond de la), chevalier de Saint-Louis, lieute-nant-colonel de la légion de Conflans, reçut plusieurs bles-sures en différentes actions, entre autres un coup de feu à la tête à la bataille de Fridberg en Silésie, en 1743.

PRADELES (le s^r), lieutenant, est blessé au siége de Tor-tone, décembre 1642.

PRADEL (le s^r de), capitaine au régiment de Piémont, blessé au siége de Courtray en 1646 : l'avoit été précédemment au siége de Bourbourg, 1645, puis au siége de Mardick, le 23 août de la même année.

PRADEL (le s^r de), capitaine au régiment des gardes, est

blessé dans une escarmouche avec un parti espagnol aux environs de Stiuvers, septembre 1647.

PRADEL (Joseph de), lieutenant au régiment de Champagne, reçut une blessure à la bataille d'Altenheim, lors de la mort de M. de Turenne en 1675 et il le suivit au tombeau.

PRADEL (le sr de), lieutenant au même régiment, blessé au siége de Luxembourg en 1684.

PRADEL (le sr de), major des carabiniers de Monsieur le comte de Provence, est blessé d'un coup de feu au bras à la bataille de Todenhausen, 1759.

PRADEL (le sr de), lieutenant au régiment de Vogué cavalerie, tué à la bataille de Minden en 1759.

PRADELLE-DE-LEYRAT (le sr de la), chevalier de Saint-Louis et de l'ordre de Saint-Lazare, capitaine au régiment de Piémont, eut une jambe emportée d'un coup de canon dans une action sous Louis XIV; pendant qu'on le pensoit, il demandoit avec ce sang-froid militaire, aux blessés que l'on apportoit auprès de luy : *Les ennemis sont-ils battus?*

PRADERIE (le sr de la), enseigne aux gardes françoises, tué au siége de Mons en 1691.

PRADINE (le sr de), sous-lieutenant de grenadiers au régiment Dauphin, eut la cuisse fracassée à la bataille de Minden en 1759.

PRADMEMAC (le sr de), lieutenant au régiment d'Auvergne, blessé aussi à la bataille de Minden en 1759.

PRAGNAC (le sr de), capitaine au régiment de Marcieu cavallerie, tué à la même bataille de Minden en 1759.

PRAMONT (Laurent-Innocent de), chevalier de Saint-Louis, capitaine au 4e régiment des chasseurs, blessé en 1760 à Zieremberg, et en 1761 à la bataille de Fridberg.

PRÀROMANN (Jacques Nicolas de), colonel suisse, quitta le service en 1648 en raison de ses blessures.

PRAT (le sʳ de), cornette au régiment de Canillac, est blessé le 20 novembre 1639, au combat près de Quiers en Italie.

PRAT (Claude de), colonel d'infanterie, reçut deux blessures au combat de Seneff en 1674, servant alors dans le régiment de la Fère.

PRAT (Louis de), officier au régiment de ....., tué à la bataille de Malplaquet en 1709.

PRAT (Antoine de), chevalier de Saint-Louis, capitaine au régiment du Maine, mort à Crémone des blessures qu'il reçut à la bataille de Guastalla en 1734.

PRAT (Louis de), officier au régiment de Bourbonnois, blessé au siége de Philisbourg en 1734.

PRAT (Jean-François de), chevalier de Saint-Louis, lieutenant-colonel au corps des grenadiers de France, blessé au siége de Pierrelongue en 1744, mourut en Allemagne en 1758.

PRAT (Louis du), marquis de Nantouillet, commandant les gendarmes du cardinal Mazarin, tué à l'âge de vingt-deux ans au combat de la porte Saint-Antoine en 1652. (V. de NANTOUILLET.)

PRAT (le sʳ du), officier au régiment de Normandie, tué au siége de Grave en 1674.

PRAT (François du), comte de Barbançon, dit alors NANTOUILLET (le chevalier de), eut la cuisse percée à la bataille de Cassel en 1677.

PRAT (Hyacinthe-Roger du), chevalier de Saint-Louis, capitaine au régiment de Touraine avec rang de major, blessé à la bataille de Minden en 1759, obtint en 1774 une pension de retraite de 1080 livres.

PRATZ-DE-CARRAS (Jacques de), seigneur du Serre, capitaine au régiment d'Egmond dragons, tué à la bataille de Raucoux en 1746.

PRÉ (François du), capitaine d'infanterie, tué au service du roy en Allemagne en 1691.

PRÉ (Jean-Hervé du), seigneur de Sennecey, capitaine au régiment de Normandie puis lieutenant dans celuy de Vermandois, blessé en 1672 à la première campagne de Hollande et conduit prisonnier à Mastrick : le fut encore d'un coup de mousquet dans une autre action au mois de janvier 1676.

PRÉ (le sr du), lieutenant au régiment de Champagne, blessé à la bataille de Parme en 1734.

PRÉ-DANEAU (Etienne du), chevalier de Saint-Louis, capitaine de grenadiers au régiment de Médoc, tué à la bataille de Parme en 1734.

PRÉ-DE-GENESTE (Jean-Baptiste-Nicolas-François du), chevalier de Saint-Louis, capitaine au régiment de Montmorin, blessé d'un coup de feu au siége de Berg-op-Zoom en 1747, quitta le service en 1761.

PRÉ-D'HOUVILLE (Bernardin du), chevalier de Saint-Louis, brigadier des armées du roy, mourut en 1706 le lendemain du siége de Turin, d'une blessure qu'il y reçut.

PRÉAULT-DE-LA-MOTHE-ROLAND (de); trois frères portant ce nom furent tués dans les armées du roy d'après une attestation sans datte, mais du règne de Louis XIII. Dans une ordonnance de maintenue de noblesse de 1641, le même certificat y est visé; mais il ne rappelle que deux frères morts au service du roy, sans désigner ny leurs noms ny la nature de leurs services.

Préaux (le sʳ des), officier au régiment de Picardie, fut dangereusement blessé à la bataille de Ramillies en 1706.

Préchac (le sʳ de), lieutenant de grenadiers au régiment de Piémont, blessé au siége de Namur en 1692, fut tué à celuy de Charleroy en 1693.

Préchac (le sʳ de), capitaine de grenadiers au même régiment, blessé à la prise d'Yvrée en 1704, mourut de ses blessures.

Préchac (le sʳ de), lieutenant au même régiment, tué au combat d'Oudenarde en 1708. — (V. de Preschac au cas que ce soit le même nom différemment orthographié.)

Préfontaine (le sʳ de), lieutenant au régiment de Normandie, blessé au siége de Woërden en 1672.

Préfontaine (le sʳ de), capitaine au régiment de Picardie, blessé à la bataille de Guastalla en 1734, mourut à Saint-Tropez en 1748.

Préfort (le sʳ de), chevalier de Saint-Louis, capitaine au régiment d'Aquitaine puis dans celuy d'Anjou et commandant à Granville en Normandie, fut blessé le 24 août 1762 à la journée de Grebenstein.

Prégent-Bidoux, chevalier de Rhodes, natif de Gascogne. Chevalier de Saint-Jean de Jérusalem, grand prieur de Saint-Gilles, pourvu par Louis XII sous lieutenant général des mers de Levant et capitaine général des galères par lettres de 1507, mort à Nice de suite de ses blessures dans un combat contre les Turcs, en août 1528, âgé de soixante ans.

PREISSAC (Jean-Eméric de), marquis d'Eselignac, baron de Marestang, vicomte de Montferrand, mousquetaire du roy et depuis enseigne de vaisseau, fut dangereusement blessé au siége de Mastrick en 1673, et perdit une si grande quantité de sang qu'il en resta presque perclus des deux jambes.

PREISSAC (N..... de), chevalier de Saint-Louis, capitaine de grenadiers au régiment de Navarre; blessé à la bataille de Fleurus en 1670 et à celle de Malplaquet en 1709, fut tué au siége de Landau en 1713.

PREISSAC (N..... de), chevalier de Saint-Louis, chef de bataillon au régiment de Beauvoisis, blessé à la bataille de Rosback en 1757.

PREISSAC DE MARESTANG (Charles-Madelene de), vicomte d'Eselignac, chevalier de Saint-Louis, capitaine-lieutenant des gendarmes de Berry, et lieutenant général des armées du roy en 1780, fut blessé d'un coup de feu à la bataille de Minden en 1759.

PRÉMONT (le sʳ de), capitaine au régiment de... est blessé au siége des forts de l'Isle de Sainte-Marguerite, mai 1637.

PRÉMONT (le sʳ de), blessé en 1644 au siége de Gravelines. (*Mercure* de 1644.)

PRÉMONT (le sʳ de), lieutenant des cent Suisses, est blessé à la défense d'Arras, septembre 1654.

PRÉMONT (le sʳ de), sous-lieutenant aux gardes françoises, tué à la bataille de Senef, en 1674.

PRÉMONT (le sʳ de), major du régiment de Bretagne, est tué le 25 juillet 1678, à l'attaque du château d'Ortembourg.

PRÉMONT (le s^r de), chevau léger de la garde du roy, tué à la bataille d'Ettingen en 1743.

PRENCÉ (le s^r de), lieutenant au régiment de Champagne, tué au siége de La Rochelle en 1573.

PRÉPETIT (le s^r de), mousquetaire de la garde du roy, blessé au siége de Mäestrick en 1673.

PRESCHAC (le s^r de), lieutenant au régiment de Champagne, blessé en 1675 au combat d'Altenheim. — (V. de PRÉCHAC, au cas que ce soit le même nom différemment orthographié.)

PRESLE (le marquis de), colonel au régiment d'Auvergne, est blessé au siége de Philisbourg, octobre 1688.

PRESLE (le s^r de Vienne de), colonel, est tué le 1er février 1702, à l'affaire de Crémone.

PRESSAC (le s^r de), premier capitaine du régiment de Navarre, est tué le 2 juillet 1713 devant Landau.

PRESSAC (le s^r de), capitaine au régiment de Beauvoisis, est blessé à la bataille de Rosback, 1757.

PRESSINS (le baron de), reçut huit blessures au visage et au petit ventre au siége de Privas en 1629. (*Mercure* de 1629.)

PRESTON (le comte de), reçoit un coup de mousquet au travers la cuisse, au siége de Pavie 1655. — Lieutenant général en 1656, il se signale au siége de Valence; en 1657 relève la tranchée devant Alexandrie, se fait grand honneur au passage de l'Adda dans le Milanez, 1658, et meurt à Valence avec le regret de toutes les troupes, 20 septembre 1659.

PRESTRE (le), capitaine au régiment-Dauphin, tué au siége de Mayence en 1690.

Prêtre (Gilles le), seigneur de la Lande, cornette au régiment de Sernon, mourut à Douäy sous Louis XIV d'une blessure qu'il avait reçue près de Cambray.

Prêtre (Gabriel le), officier au régiment de Rambures, tué à la bataille d'Audancourt.

Prêtre (Urbain le), mort de quatorze blessures qu'il reçut au service.

Prêtre (Sébastien le), seigneur de Vauban (fils du précédent), maréchal de France, chevalier des ordres du roy, commissaire général des fortifications, gouverneur de Doüay et de la citadelle de Lille, fut blessé de deux coups de fusil au siége de Stenay en 1654, l'un au corps, l'autre au visage dont la marque lui resta : il le fut encore très-dangereusement au siége de Valenciennes en 1656; reçut de plus quatre blessures à celui de Montmédi en 1657 dont une lui perça le bras; fut encore blessé d'un coup de fusil au siége de Doüay en 1667, et le fut aussy au siége d'Ath en 1697; il mourut le 30 mars 1707.

Prêtre-de-Vauban (Edme le), ingénieur et capitaine au régiment de Navarre, tué sur la brèche au siége de Cambray en 1677.

Prêtre (Antoine le), son frère, comte de Vauban, marquis de Magny, chevalier grand'croix de l'ordre royal et militaire de Saint-Louis, lieutenant général des armées du roy, gouverneur de Béthune, ingénieur général et directeur des fortifications des places du comté d'Artois, blessé de deux coups de fusil au siége de Besançon en 1674, le fut encore au siége de Courtray en 1683 d'un pareil coup à la main droite dont il resta estropié, et reçut un coup de fusil à travers le corps à celuy de Barcelonne où il commanda en chef en 1714, ce fut la dix-septième blessure considérable qu'il reçut dans plus de quarante siéges où il s'étoit trouvé;

il avoit été blessé aussy au siége de Huy en 1693 et à celuy d'Ath en 1697, il mourut âgé de soixante-douze ans le 10 avril 1731.

Prêtre-de-Vauban (Paul le), son autre frère, ingénieur et capitaine au régiment de Champagne, tué au siége d'Aire en 1676.

Prêtre (Edmond le), chevalier de Saint-Louis, lieutenant-colonel de cavallerie, obtint en 1766 une pension de mille livres en considération de ses services et de ses blessures; on le présume le même que M. le Prêtre, capitaine au régiment colonel général, qui fut blessé à la bataille de Minden en 1759.

Prêtre-de-Chateaugiron (N..... le), chevalier de Saint-Louis, capitaine au régiment de Normandie, blessé au combat d'Ouëssant en 1778.

Prétot (le sr) est blessé au siége de Bourbourg, août 1645.

Préuille (le sr de) est blessé d'une mousquetade à la cuisse au siége de Tortone, décembre 1642.

Prévasy (le sr de), chevalier de Saint-Louis, capitaine de grenadiers au régiment de Navarre, fut blessé au combat de Sahay en 1742 et à la bataille d'Ettingen en 1743.

Prévigny (le sr de), capitaine au régiment de Picardie, est tué le 24 août 1667, au siége de Lille.

Préville (Jacques-Charles), capitaine au régiment de Picardie, blessé à la bataille de Parme en 1734, fut tué en la même année à celle de Guastalla.

Préville (le sr de), capitaine au régiment de Mailly, blessé à la bataille de Rosback en 1757.

Préville (le sr de), capitaine dans le régiment de Normandie infanterie, est blessé au combat de Rhimberg, octobre 1760.

PRÉ (Antoine du), seigneur de Tremblemont, lieutenant de la compagnie du seigneur de Laval, mort d'une blessure reçue dans le côté au camp de Cerisoles en 1544.

PRÉ (le sr de), capitaine au régiment de Navarre, blessé en 1684 au siége de Luxembourg, fut tué en 1689 dans une entreprise sur Oberkich.

PREUILLY (Geoffroy de), croisé sous la bannière d'Etienne comte de Blois, tué à la journée de Rama le 26 mai 1102, selon Guillaume de Tyr : d'autres disent dans la forteresse de Jaffa, en 1101.

PREUILLY (Gilles, baron de) fut tué au combat du Pont de Saint-Cloud en 1412, suivant le parti du duc d'Orléans contre le duc de Bourgogne.

PREUILLY (Antoine de) fut tué à la bataille de Genville sous Charles VII, où Louis XI.

PRÉVOT (le sr), capitaine au régiment de Piémont, blessé au siége de Woërden en 1672.

PRÉVOT (François), seigneur du Péreux, capitaine au régiment de Bretagne, tué à la bataille de Malplaquet en 1709.

PRÉVOT (le sr), lieutenant au régiment de Picardie, blessé aux batailles de Parme et de Guastalla en 1734.

PRÉVOT (Louis), marquis du Barail, chevalier de Saint-Louis, colonel-lieutenant du régiment, et lieutenant général de ses armées, gouverneur de Landrecies, blessé au siége de Brisak en 1703, eut le poignet cassé en la même année à la bataille de Spire, et fut encore blessé à celle de Ramillies, d'Oudenarde et de Malplaquet en 1706, 1708 et 1709 ; il mourut en 1734.

Prévot-de-Charbonnières (Gabriel), mort d'une blessure qu'il reçut au siége de Pontoise en 1589.

Prévot (s^r de Prie), capitaine au régiment de Grancey, est tué à la bataille de Staffarde, 1690.

Prévot-de-la-Croix (le chevalier), lieutenant de vaisseau, blessé sur le *Condé* en 1758, dans le combat du comte d'Aché aux Indes.

Prévot-de-la-Croix (Jacques), chevalier de Saint-Louis, conseiller du roy en ses conseils, commissaire général, ordonateur puis intendant de la marine, et ancien président du conseil supérieur de Louisbourg, reçut deux blessures au siége de cette ville en 1715.

Prévot-de-Charry. — (V. de Charry.)

Prévot-de-Millery (le s^r), lieutenant au régiment de Piémont, tué à la bataille de Berghen en 1759.

Prévot-de-Sansac (Louis), seigneur et baron de Sansac et de Cellefroyn, chevalier de l'ordre du roy, l'un de ses chambellans, gentilhomme ordinaire, lieutenant général de ses armées, conseiller en son conseil privé, gouverneur d'Anjoumois, sénéchal de Saintonge et grand fauconier de France, fut blessé à la bataille de Saint-Denis en 1567; c'étoit un des compagnons d'armes du maréchal de Montluc qui fait dans ses mémoires le plus grand éloge de sa valeur.

Prévot-de-Puybatier (Achilles), seigneur de la Vauzelle, cornette de cavallerie, tué à la bataille de la Marsaille en 1693.

Prévot-de-Sansac. — (V. de Ceneac.)

Prévot-de-Puybatier (Achilles), son frère, capitaine de cavallerie, tué à la bataille de Luzara en 1702.

Prévot-de-Traversay (Jean), officier de cavallerie, blessé

à la bataille de Malplaquet en 1709, mourut à Rochefort en 1773.

Prévot-de-la-Lauzelle (Jean), seigneur de Puybatier, capitaine au régiment de Poitou, tué à la bataille de Rosback en 1757.

Prévot-de-Traversay (Louis-Abraham), chevalier de Saint-Louis, capitaine au régiment de Penthièvre cavallerie, et depuis lieutenant-colonel, reçut quatre blessures à la même bataille.

Prévot-de-Traversay (Abraham-Henry), son frère, chevalier de Saint-Louis, lieutenant de vaisseau et ayde-major de la marine, fit naufrage en 1757 sur les côtes de Bretagne, commandant la frégate *le David*, et répondant à ceux qui l'engageoient à se sauver qu'il s'occuperoit de luy lorsque la dernière personne du vaisseau seroit hors de danger. — (V. de Traverset, au cas que cette citation concerne cette maison).

Prévot-des-Maréchaux de France (le) (il n'est pas autrement désigné dans les chroniques d'Enguerrand de Monstrelet) fut tué à la bataille d'Azincourt en 1415.

Preux (le sr), du Vallais, capitaine-lieutenant des grenadiers du régiment de Court, en Suisse, tué à la bataille de Fontenoy en 1745.

Prey (Louis du), colonel de milice au Fort-Royal de la Martinique à l'expédition de l'Isle de la Trinité Espagnolle; son courage l'ayant emporté au milieu des ennemis il fut dangereusement blessé d'un coup de fusil à travers la hanche (d'après des Lettres patentes du roy du mois d'août 1721).

Preys (Scipion François des), seigneur de Préfontaine, de la Garde et de la Fone, capitaine de chevau-légers au régiment de Camillac, fut tué au siége de Moretard sous Louis XIV où il commandoit les enfants perdus. — (V. de Préfontaine au cas que cette citation concerne cette famille.)

Prez (le sᵣ de), ancien lieutenant puis lieutenant-colonel en 1682 et ensuite colonel en 1691 du régiment de Royal deux Ponts et chevalier de Saint-Louis, fut blessé à la bataille de Rosback en 1757.

Prez (Bertrand des), seigneur de Montpezat, chevalier, fut grièvement blessé à la bataille de Crécy en 1346.

Prez (Pierre des), son fils, seigneur de Montpezat, tué à la même bataille.

Prez (Antoine des), seigneur de Montpezat, mourut au retour du voyage d'Italie où il avoit accompagné le roy Charles VIII et pendant lequel il avoit été blessé.

Prez (Jacques des), mort au siége de Metz en 1552 (il étoit de la maison des Lettes substitué aux noms et armes de des Prez-Montpezat).

Prez (Emmanuel-Philibert des), marquis de Villars, chevalier des ordres du roy (aussy de la maison des Lettes), blessé au siége de Montauban en 1621, mourut peu de jours après.

Prez (des), marquis de Montpezat, colonel d'infanterie au régiment de Piémont, tué au siége de Luxembourg le 23 mai 1684.

Prez (le baron des), capitaine au régiment de Piémont, tué à la bataille de Nervinde en 1693.

Prez (Jean des), seigneur de la Bourdonnois, chevalier de Saint-Louis, capitaine au régiment de Beaufremont, mourut à Perpignan le 10 décembre 1719 d'une blessure qu'il reçut au siége de Roies (probablement à celui de 1712).

PREZ (le s^r des), capitaine au régiment de Picardie, blessé à la bataille de Guastalla en 1734.

PREZ-DE-BOISSY (Claude des), chevalier de Saint-Louis, capitaine au régiment de Champagne, blessé aux batailles de Fleurus et de Steinkerque en 1690 et 1692, fut tué en 1703 au camp de Dillingen en accompagnant le maréchal de Villars qui alloit faire une reconnoissance.

PREZ-DE-CLERY (le s^r), capitaine au régiment Royal des vaisseaux, blessé à la bataille de Seneff en 1674.

PREZ-DE-LA-RONDE (le s^r des), capitaine ayde-major au régiment de Bourbon cavallerie, se noya au passage du Weser en 1761.

PRIE (*le Borgne* de), chevalier, tué à la bataille de Poitiers en 1356.

PRIE (Jean de), seigneur de Prie, baron de Besançon, grand pannetier de France, chambellan ordinaire du roy et capitaine de la grosse tour de Bourges, fut tué d'un coup de vireton en défendant cette tour contre les Anglois en 1427.

PRIE (Gabriel de), chevalier, baron de Besançon, homme d'armes des ordonnances du roy, tué à la bataille de Pavie en 1525.

PRIE (Aymar de), tué au siége de Montauban en 1621.

PRIE (N..... de), tué au siége de Sainte-Menehould en 1653.

PRIE (Edme de), capitaine au régiment de Grancey, tué à la bataille de Staffarde le 17 août 1690.

PRILLE (le s^r de), chevalier de Saint-Louis, exempt des gardes du corps, fut grièvement blessé au siége de Philisbourg en 1734.

PRIMAUGUET (le s^r), capitaine breton commandant la *Cor-*

delière, le plus gros vaisseau que le roy eut dans sa marine, ayant été embrasé en 1513 dans un combat contre les Anglois par les feux d'artifice qu'ils avoient lancés sur luy, et se voyant sans ressource pour en rechaper, prit le parti avant de mourir d'aller aborder le vaisseau amiral pour luy faire au moins partager le dangeroù il se trouvoit : ce qu'ayant mis aussitôt en exécution, il eut encore la satis-faction de voir couler à fond ce vaisseau amiral. Le Père Daniel, qui rapporte cet événement, paroît avoir des doutes sur le nom de *Primauguet* qu'il croit avoir été défiguré, et présume que ce pourroit être plutôt *Porsmoguet*; il semble que ce nom approche plus encore de celuy de *Primaudaye* ou de la *Primaudaye*, maison très-connue en Bretagne.

PRIMLET (le sʳ de), capitaine dans le régiment d'Enghien, est tué à la seconde attaque des chevaux de Namur, 1746.

PRINCE (de), capitaine au régiment Dauphin, blessé à la défense de Mayence, septembre 1689.

PRINCE (le sʳ le), lieutenant de frégate auxiliaire, tué dans le combat que le cutter du roy *l'Expédition* soutint le 4 octobre 1779 contre le cutter anglois *le Rambler* à la hau-teur de l'isle d'Ouessant.

PRINCÉ (le sʳ de), chevalier de Saint-Louis, commandant de bataillon au régiment de Picardie, blessé à la bataille de Guastalla en 1734.

PIMONT (de), lieutenant de vaisseau de Rochefort, tué sur le *Fidele*, commandé par M. de la Moinerie Miniac, le 18 janvier 1712.

PRINTOUSE, lieutenant au régiment de Jeoffreville, blessé à la bataille de Staffarde, le 18 aoust 1690.

PRINVILLE (le sʳ de), maréchal des logis des mousquetaires de la garde du roy, blessé au siége de Candie en 1669.

PRISQUE (Louis-Étienne), chevalier de Saint-Louis, major du régiment de Jarnac, puis de celuy de Deux-Ponts, dragons, obtint en 1786 une pension de retraite de 2 000 livres, motivée sur ses services et ses blessures.

PRISSON (le s[r]), capitaine au régiment de Rohan, blessé à la bataille de Rosback en 1757.

PRISY (le s[r]), capitaine au régiment de Touraine, tué à la bataille de Minden en 1759.

PROHENQUES (le s[r] de), capitaine d'infanterie, tué à l'armée du Rhin sous Louis XV.

PROISY (Jean de), chevalier, baron de la Vove, conseiller chambellan ordinaire du roy, bailly de Tournay, de Mortain et de Saint-Martin, tué à la bataille de Pavie en 1525, servant sous la *cornette* du roy François Ier.

PROISY (Alexandre de), tué au service de la marine à Vigo en Espagne (probablement à la défaite du comte de Châteaurenaud dans ce port en 1702).

PROISY (le chevalier de), enseigne de vaisseau du port de Rochefort, tué à Rio-Janeiro sur l'*Oriflamme*, le 19 septembre 1710.

PROISY (Joseph de), son frère, servant aussy dans la marine, fut tué dans un combat à Rio-Janeiro (probablement dans l'expédition de 1711 par M. du Gué-Troüain).

PROLONGE, capitaine au régiment Dauphin, tué au siége de Mayence en 1690.

PRONJET (le s[r]), officier de la marine du duc d'Orléans, est tué au siége de Courtray, juin 1646.

PROT (Jacques), capitaine au régiment de Royal Bavière, reçut plusieurs blessures au service sous Louis XV.

PROTEAUX (le s^r), lieutenant au régiment de Piémont, blessé à la bataille de Rosback en 1757.

PROUILLY (le seigneur de), mestre de camp, blessé au siége de Dourlens en 1595.

PROUVILLE (Gaudeffroy de), tué à la bataille d'Azincourt en 1415.

PROUVILLE (le s^r de), capitaine au régiment de Trassy cavallerie, blessé en 1644 au siége de Fribourg.

PROVISY (le s^r de), major du régiment de Sansay, est tué à l'attaque générale donnée le 11 septembre 1714 à la ville de Barcelone.

PROVISY (le s^r de), chevalier de Saint-Louis, major du régiment colonel général, mort des blessures qu'il reçut à la bataille de Minden, 1759.

PROVOT (Étienne Marain de), officier de mineurs, tué au siége de Berg-op-Zoom en 1767.

PRUGNES (le s^r de), capitaine au régiment du roi, est tué au siége de Maestricht, 1673.

PRUGNE (la), capitaine au régiment de Soissons, mortellement blessé à la bataille de Fleurus, le 1er juillet 1690.

PRUINEO (le s^r), exempt des gardes du corps, tué au combat de Leuze en 1691.

PRUNELÉ (Guillaume de), chevalier, seigneur d'Herbault, gouverneur de Blois, chambellan et gouverneur de Charles duc d'Orléans, tué à la bataille d'Azincourt en 1415.

PRUNELÉ (François de), seigneur de Guillerval, baron de Caniel-en-Caux, chevalier de l'ordre du roy, capitaine de

50 hommes d'armes de ses ordonnances, fut blessé d'un coup de lance à la bataille de Cerisolles en 1544; depuis, s'étant attaché au roy de Navarre, il fut assassiné par des ligueurs, en 1587, près de Marneuf, en Beauce.

Prunelé (Urbain de), chevalier, seigneur de Quillerval, de Saint-Aignan et de Jodaniville, lieutenant de la compagnie des gendarmes du comte d'Enghien, fut tué dans une rencontre des ennemis près de Boulogne-sur-Mer.

Prunelé (Charles de), seigneur de Tighouville, de Jodaniville et d'Argeville, capitaine-commandant et major du régiment de la Rablière cavallerie, tué au service du roy en Catalogne en 1676.

Prunelé (Julles-César de), baron de Saint-Germain et de Molitard, capitaine au régiment des Landes infanterie, blessé d'un coup de fusil à la bataille de Malplaquet en 1709; il mourut le 14 mars 1738.

Prunelé (N..... de), mousquetaire du roy de la 2ᵉ compagnie, blessé à la bataille d'Ettingen en 1743.

Prunelé (N..... de), capitaine au régiment d'Enghien, tué en 1746 au siége du château de Namur.

Pruneloy (le sᵣ de), enseigne des Enfants perdus des compagnies des gardes du roy, est blessé à la bataille de Cazal, mai 1640.

Pruneloy (le sᵣ de), major des gardes, se distingue au siége de Tortone en 1645 et est blessé grièvement le 20 juin de la même année au siége de la Mothe.

Pruneloy-Chauvelin, capitaine au régiment des gardes, tué à la Mothe-au-Bois en 1646.

Pucelle-d'Orgemont (Omer), chevalier de Saint-Louis, ancien capitaine au régiment de Piémont, puis colonel de celuy de Tournaisis et maréchal de camp en 1704, fut blessé au siége de Mastrick en 1676 et mourut en 1731.

PUCH ou DE PUCHES (le s^r de), ayde-major au régiment de Normandie, fut blessé à la bataille de Clostercamps en 1760.

PUCHOT, dit le chevalier des Alleures, est blessé au siége de Candie, août 1669.

PUCHOT, sieur des Alleures, capitaine au régiment des gardes françaises, est grièvement blessé à la bataille de Cassel, avril 1677.

Puiguyai PUDION (le chevalier de), sous-lieutenant aux gardes françoises, tué au siége de Philisbourg en 1734.

PUECH-DE-CONEIRAS (Jean-François de), dit le *Marquis de Coneiras*, chevalier de Saint-Louis, lieutenant général des armées du roy en 1784 et gouverneur de Saint-Hippolite, précédemment capitaine au régiment de Seissel cavallerie, puis colonel-lieutenant en 1759 des volontaires de Clermont, ensuitte de la légion de Condé, fut blessé à la bataille de Rosback en 1757.

PUECH (Pierre de), dit le *Chevalier de Coneiras*, capitaine, ayde-major des grenadiers de France, tué à la bataille de Minden en 1759.

PUEL (N..... de), chevalier de Saint-Louis, capitaine ayde-major des grenadiers de France, tué à la bataille de Minden en 1759.

PUEL (N..... de), chevalier de Saint-Louis, capitaine de frégates en 1702 et gouverneur de Nantz en Roüergue, eut une jambe emportée d'un boulet de canon dans une action.

PUERARI (le s^r), Genévois sous-lieutenant de grenadiers au régiment de Diesbach, Suisse, blessé à la bataille de Laufeldt en 1747.

Pugeon (le sʳ de), est tué au siége de Valence en septembre 1656.

Pugerie (le sʳ de la), capitaine au régiment depuis Guyenne, blessé en 1676 à la prise du fort de Khel.

Puget (N..... du), enseigne d'une compagnie de gens de pied, mourut dans les guerres de Piémont (l'on présume que ce fut sous Louis XIII).

Puget (le sʳ du), lieutenant au régiment de Navarre, tué au siége de Luxembourg en 1684.

Puget (Paul-Charles du), capitaine au régiment de Picardie, tué à la bataille de Ramillies en 1706.

Pugillon (le baron de), tué à la bataille de Dreux en 1562.

Puibauneau (le seigneur de), capitaine d'une compagnie de gens de pied, tué au siége de Luzignan en 1574.

Puicherdie (le baron de), lieutenant de la compagnie de Schomberg, reçut trois blessures au siége de Tarragone, 1644.

Puiguillon (le sʳ de), lieutenant au régiment de Picardie, blessé dans une action en 1758.

Puilavesse (le sʳ), capitaine au régiment du roi, est blessé au siége de Maëstricht, 1673.

Puilly (Antoine de), chevalier, fut tué à la bataille des Harengs en 1429.

Puizignieux (le marquis de), colonel du régiment de Guyenne, est blessé au combat du 10 août 1766 sur le Tidon.

Puisnormand, enseigne dans les gardes françoises, blessé aux tranchées de Namur le 1ᵉʳ juin 1692.

Pujol (Pierre-Jean de), chevalier de Saint-Louis, de

l'ordre de Saint-Lazare, chef de brigade des carabiniers, mestre de camp de cavallerie, et brigadier des armées du roy, mort à Valenciennes le 13 novembre 1727 couvert de trente-deux blessures; une attestation donnée par les ennemis même qui le firent prisonnier, porte qu'il en avoit reçu douze en défendant son étendard au combat de Maurillac le 27 juin 1674.

Pujol (le sr de), exempt des gardes du corps, est blessé à l'affaire d'Ettingen, 1743.

Pujol-d'Estampes (Jean de), chevalier de Saint-Louis, capitaine de carabiniers, tué à la bataille de Fontenoy en 1745.

Pujol (le sr de), capitaine des carabiniers, est blessé au pied d'un coup de canon à la bataille de Todenhauzen — et le sieur de Pujol, lieutenant dans le même corps, y est également blessé d'un coup de feu à l'épaule, 1759.

Pujol (Jean-Baptiste-Denis-Joseph de), chevalier de Saint-Louis et de l'ordre de Saint-Lazare, lieutenant-colonel au même corps, puis major général de l'armée de Corse et maréchal de camp, blessé à la même bataille, mourut en 1789.

Pujol (Charles-Philippe-Denis-Joseph de), chevalier de Saint-Louis et capitaine au même corps, blessé d'un coup de canon au pied à la bataille de Minden en 1759, mourut à Valenciennes le 29 novembre 1774.

Pujol (Jean-Denis de), chevalier de Saint-Louis, capitaine au même corps, blessé à la bataille de Laufeldt en 1747, le fut encore dangereusement à celle de Creweldt et de Minden en 1758 et 1759, et à cette dernière d'un coup de feu à l'épaule; il mourut à son château du Grand-Perray au mois d'août 1782.

PUJOL-DE-MORBRY (Alexandre-Denis-Joseph de), chevalier de Saint-Louis, capitaine au régiment Dauphin infanterie, commissaire provincial des guerres en Hainaut, prevôt chef de la ville et du magistrat de Valenciennes, blessé à la bataille de Bergh, 1759.

PUJOLS (le s^r de), mousquetaire de la garde du roy, blessé au siége de Maëstrick en 1673.

PUIS-DU-FAYET (N..... du), chevalier de Saint-Louis, lieutenant-colonel du régiment de recrues de la ville de Paris, obtint en 1765 une pension de 600 livres, motivée sur ses services et ses blessures.

PUISEURS (Bridoul de), chevalier, tué à la bataille d'Azincourt en 1415.

PULCRES (le seigneur de), tué à la bataille d'Azincourt en 1415.

PUMEGES. — (V. de PAUNEGES.)

PUPIL-DE-PUYCONTAL (le s^r), chevalier de Saint-Louis, sous-directeur d'artillerie à Perpignan avec rang de lieutenant-colonel, blessé au siége du fort Saint-Philippe en 1756.

PUPILLE (le s^r), lieutenant au corps royal d'artillerie et au génie, est blessé le 12 juin 1766 d'un éclat de bombe au siége de Mahon.

PUSIGNAN (le s^r de), maréchal de camp, meurt le 1er mai 1689 d'une blessure qu'il reçut au siége de Londondery.

PUTHAUX (Jean-François), chevalier de Saint-Louis, quartier maître trésorier et capitaine au régiment de Reinach, Suisse, blessé le 24 août 1762, à la journée de Grebenstein, d'un coup de feu à la tête et de trois coups de sabre.

PUTIGNY, enseigne de vaisseau du port de Rochefort, tué

sur l'*Indien,* commandé par M. de Joncoux, le 21 octobre 1709.

PUTY (le s^r de), enseigne de vaisseau, blessé sur le *Foudroyant* dans le combat de M. de la Gallissonière contre l'amiral Byng le 20 may 1756, près de l'isle de Minorque.

PUY (Florimond du), gentilhomme sous les ordres du baron de Sassenage, tué à la bataille de Verneuil le 6 août 1624.

PUY (Fouquet du), parent du précédent, tué à la même bataille.

PUY (Nicolas du), seigneur de Bouch, lieutenant dans les troupes du roy, fut tué au service (l'on présume que ce fut sous Louis XIII).

PUY (Clément du), commissaire d'artillerie et écuyer du duc de Vendôme, fut tué à la bataille d'Avein en 1635.

PUY (le s^r du), sous-lieutenant au régiment de Béarn, fut emporté d'un coup de canon au siége de Philisbourg en 1688.

PUY (le s^r du), lieutenant au régiment de la Tour-du-Pin, depuis Béarn, blessé au combat de Warbourg en 1760.

PUY (François du), seigneur de Valzargues, capitaine de cavallerie, tué à la bataille de Fleurus en 1690.

PUY (Jean-Baptiste du), capitaine au régiment de la Marche, mourut d'une blessure qu'il reçut au service en 1758.

PUY (le s^r du), officier de grenadiers au régiment de Bourbonnois, blessé au combat de Warbourg en 1760.

PUY (le s^r du), lieutenant au régiment d'Auvergne, tué à la bataille de Clostercamps en 1760.

PUY (le s^r du), lieutenant de vaisseau, blessé à la cuisse droite, sur le *Conquérant*, dans le combat du comte de Grasse contre l'amiral Rodney, au mois d'avril 1782.

Puy (le capitaine Alexandre du), tué au siége de la Rochelle en 1573.

Puy (Fouquet du), seigneur de Montbrun, l'un des généraux des armées de Charles VII, fut tué à la bataille de Verneuil en 1424. (Morery, édit. de 1759, *art.* de cette maison.)

Puy-de-Montbrun (Jean du), lieutenant du roy au gouvernement d'Auxonne, tué à la bataille de Renty.

Puy (Geoffroy du), baron de Bellefaye, tué au siége de la Rochelle en 1573.

Puy (Vincent du), seigneur de Vatan, chevalier de l'ordre du roy, gentilhomme ordinaire de sa chambre, capitaine de cinquante hommes d'armes de ses ordonnances, gouverneur du Berry et de la ville de Bourges, mourut le 12 avril 1570 des blessures qu'il avoit reçues en 1569 à la bataille de Montcontour.

Puy (Claude du), baron de Vatan, chevalier de l'ordre du roy, gentilhomme de sa chambre et capitaine de cent chevau-légers, fut tué au siége de....., en 1592 ou 1593.

Puy-Forant (du), enseigne de vaisseau du port de Toulon, mort sur le *Saint-Michel*, commandé par M. de Preuilly, le..... 1675.

Puyberneau ou de Puybernier (le chevalier de), enseigne de vaisseaux, fut blessé d'un coup de feu dans la cuisse et d'une contusion au visage à l'attaque du fort de Fouras en 1787, et le fut encore en trois endroits sur le *Raisonable*, dans la rencontre d'une escadre angloise en 1758.

Puyborneau (le capitaine) fut tué dans le parti du roy au siége de Saint-Lô en 1574.

Puygaillard (le sr) est tué au siége de Candie, mars 1669.

PUYGAILLARD (le sʳ de), lieutenant dans le régiment de Rochechouart, est tué au siége d'Egra, 1742.

PUYGREFFIER (de). — (V. de PUIGREFFI, si toutefois c'est le même nom mal orthographié.)

PUYLAURENS (le sʳ de) est blessé à l'affaire de Castelnaudary en combattant pour le parti de Monsieur, septembre 1632.

PUYLAURENS, capitaine au régiment du vieux Languedoc, tué à la bataille de Staffarde le 18 août 1690.

PUYMORIN (le sʳ de), lieutenant de grenadiers, fut blessé au siége de Pondichéry en 1768.

Q

QUADT (de). — (V. de LANDSEROU).

QUALIBERT (le s^r), capitaine au régiment de Lusignan, a un bras cassé en mettant le feu à la porte d'une église du fort de Sainte-Barbe, près de Saint-Jean de Luz, décembre 1636.

QUARRÉ-D'ALIGNY (Pierre), dit le *comte d'Aligny* et que Louis XIV appeloit le *brave d'Aligny*, chevalier de Saint-Louis, colonel des milices de Bourgogne brigadier des armées du roy, grand bailly d'épée du Charolois, gouverneur d'Autun et de Pierrechâtel, reçut 5 blessures au siége de Maëstricht, en 1673, servant dans les mousquetaires.

QUARRÉ-D'ALIGNY (Philippes), son fils, seigneur de Jully, capitaine au régiment de Perrin infanterie, eut une jambe emportée à la bataille de Malplaquet en 1709.

QUARRÉ-D'ALIGNY (André-Denis), son autre fils, mousquetaire de la garde du roy, blessé à la tête à la même bataille, mourut en 1721.

QUARRÉ-D'ALIGNY (Jacques), seigneur de la Roche, lieutenant de vaisseau, tué dans un combat naval.

QUARRÉ-D'ALIGNY (Pierre), son frère, tué à Naples d'un coup de mousquet.

QUARTIER (le s^r du), capitaine de grenadiers au régiment de Normandie, blessé au combat de Chiari en 1701.

QUATREBARBES (Macé), tué à la bataille de Verneuil en 1424.

QUATREBARBES (Pierre), son frère, tué à la même bataille.

QUATREBARBES (Gilles), son frère, tué à la même bataille.

QUARREBARBES (Guivons), son frère, tué à la même bataille.

QUATREBARBES (Guillaume), chevalier, seigneur de la Touche Quatrebarbes, leur cousin, tué aussy à la même bataille.

QUATREBARBES (Louis), seigneur de la Vollue, de Chasanay, et de la petite Roigerec, tué à la bataille de Ravenne en 1512.

QUATREBARBES (Zacharie), officier aux gardes françoises, tué au 2° siége Graveline (ce qui dut être en 1652).

QUATREBARBES (de), enseigne de vaisseau du port de Rochefort, mort sur le *Poly*, commandé par M. du Plessis Liancourt, le 2 juillet 1699.

QUATREMUNY (le s^r de), officier Napolitan, au service de France, blessé au combat du comte de Grasse en Amérique, au mois de décembre 1781.

QUELEN (Gilles de), seigneur de la Villebouquais, tué à l'âge de dix-huit ans à la bataille de Saint-Aubin-du-Cormier en 1488.

QUELEN (François de), baron du Broutay, tué en 1647, au siége de la Bassé où il commandoit les Enfans-perdus, et faisoit la charge de major du régiment des gardes françoises.

QUELEN (Barthélemy de), comte de la Vauguyon, vicomte du Broutay, chevalier de l'ordre du roy, lieutenant général de ses armées, conseiller d'État d'épée, mestre de camp du régiment de Navarre et capitaine-lieutenant des chevaux-légers de la garde de la reine mère, Anne d'Autriche, fut estropié d'une main à la bataille de Nortlingue en 1645, combattant à côté du prince de Condé; il fut encore blessé au siége de Tournay en 1667, et mourut à Douay, le 13 juillet de cette année.

QUELEN (du), Broutay, ayde-major des gardes françoises, tué à la bataille d'Ettingen en 1743.

QUENAUT DE CLERMONT (le s^r), maréchal de camp et ingénieur, est blessé à l'attaque des retranchements du Suffelsheim, et meurt de ses blessures, août 1744.

QUENGO (Jean de), tué au siége de la Rochelle sous Louis XIII.

QUENGO (François de), dit le *comte de Tonquedee*, tué au siége de Bergues-Saint-Vinon en 1646.

QUENGO (Guillaume de), officier au régiment du roy, tué en Italie dans les guerres de Louis XIV.

QUENGO (Camille de), son frère, dit le *chevalier de Tonquedee*, fut tué vers le commencement de 1700, servant dans le régiment des dragons de Bretagne.

QUENGO (N... de), dit le *chevalier de Crenolle*, mourut au siége de Traerback en 1734, servant dans le régiment de Rosnivinen.

QUENGO (Guy-Auguste-Ange de), son neveu dit le *marquis de Crenolle*, chevalier de Saint-Louis, enseigne des gendarmes de Flandres, mourut le 11 août 1759, des suites d'un coup de feu qu'il reçut à la jambe à la bataille de Minden en 1759.

QUENOUILLES (de) (le bègue *), tué à la bataille d'Azincourt en 1415.

* C'étoit vraisemblablement le sobriquet sous lequel il étoit connu.

QUENTIN (le s^r), lieutenant au régiment de Bourbonnois, blessé en 1743 à la retraite de Dekendorff.

QUERANVOY, lieutenant de frégate et flûte, du port de

Brest, sauté en l'air sur le   , le   1672.

QUERBERNARD-DU-PLESSIS, enseigne de vaisseau du port de Port-Louis, mort sur le *Mercure*, commandé par M. de Liancourt, le aoust 1704.

QUERDUE (Cleron de), lieutenant de vaisseau le 28 novembre 1685, du port de Toulon, tué dans le golphe de Venise, commandant la *Gentille*, le 3 avril 1702.

QUÉRECOURT (le sʳ de), enseigne aux gardes françoises, tué à la bataille de Saint-Denis en 1678.

QUERECYS (le seigneur), tué à l'entreprise du château de Mercy en 1405.

QUERESSEL (de), enseigne de vaisseau du port de Dunkerque, tué à Riogenaire sur le *Mars*, commandé par M. d'Auyean le 7 octobre 1711.

QUERIERS (le capitaine), lieutenant de la compagnie des gendarmes du seigneur de Goas, tué d'une mousquetade au siége de Sancerre en 1573. Il fut enterré à Cosne.

QUERCEUX (le marquis), capitaine sous-lieutenant des gendarmes de la garde, tué à la bataille d'Ettingen en 1743.

QUERLORECK (le chevalier de), lieutenant de vaisseau du port de Brest, mort commandant l'*Atlas*, le 25 décembre 1739.

QUERMONT (de), lieutenant de vaisseau du port de Brest, mort sur le *Solide*, commandé par M. du Casse, le......
1691.

QUERSAUSON (le sʳ de), capitaine au régiment de cavallerie du cardinal de Richelieu, tué au siége de Saint-Omer le 8 juillet 1638. (*Mercure* de 1638.)

QUERVEL DE COETLOGON, lieutenant de vaisseau du port

de Brest, mort à Saint-Domingue sur le *Content*, commandé par M. de Rochambeau, le 2 janvier 1720.

QUERVERSIO, enseigne de vaisseau du port de Brest, mort au petit Goave, sur l'*Éclatant*, commandé par M. de Champmeslin, le 28 février 1724.

QUERVILLE (le s^r de) est blessé dans le combat du 1er septembre 1638, entre les galères de France et celles d'Espagne, près de Gênes.

QUESNAY (le s^r du), mousquetaire du roy de la 2e compagnie, blessé à la bataille d'Ettingen en 1744.

QUESNE (Abraham du), chef d'escadre des armées navalles, officier de grande réputation, fut grièvement blessé dans un combat inégal qu'il livra à la flotte espagnolle, et il mourut de cette blessure à Dunkerque en 1635.

QUESNE (Abraham, dit le *marquis du*), son fils, vice-amiral et général des armées navales de France, reçut un coup de mousquet en 1639, à l'attaque des vaisseaux qui étoient dans le port Saint-Ogne, et qui furent pris : et fut encore grièvement blessé en 1641 devant Tarragone, en 1642 devant Barcelonne et en 1643 dans la bataille qui se donna au cap de Gasses contre l'armée d'Espagne; depuis sous Louis XIV, ayant armé plusieurs navires à ses dépens en 1650, à l'occasion des troubles de Bordeaux, il soutint un rude combat contre l'escadre angloise où il fut dangereusement blessé. Il mourut le 2 février 1688 avec la réputation si justemen méritée d'un des plus grands hommes de mer de son siècle.

QUESNE (Henry, dit aussy le *marquis du*), son fils, baron d'Aubonne en Suisse, capitaine de vaisseau, blessé dangereusement dans le combat naval de 1676 où périt l'amiral Ruyter, mourut à Genève le 11 novembre 1712, ayant soutenu la réputation que s'étoient acquis son père et son ayeul.

QUESNE (N... du), frère du vice-amiral, capitaine de vaisseau, fut tué d'un coup de canon dans un combat naval.

QUESNE-MONIER (N... du), neveu du vice-amiral, chevalier de Saint-Louis et capitaine de vaisseau, eut un bras emporté dans un combat naval en 1705.

QUESNE (le chevalier du), enseigne de vaisseau du port de Toulon, mort devant Gibraltar sur le *Triomphant*, le 11 mars 1705.

QUESNE-GUITTON (du), lieutenant de vaisseau du port de Rochefort, mort commandant le *Profond*, le 25 septembre 1732.

QUESNE (le comte du), capitaine de vaisseau du port de Toulon, mort sur le *Ferme*, le 4 février 1741.

QUESNEAU (Armand-François), seigneur de Clermont, chevalier de Saint-Louis, ingénieur en chef à Doüay, puis directeur de fortifications et maréchal de camp en 174., reçut un coup de mousquet au visage à la défense de Landau en 1704; et fut encore blessé d'un coup de fusil à travers le corps au siége de cette ville en 1713.

QUESNEL (Jacques), chevalier de Saint-Louis et premier lieutenant au régiment des cuirassiers, reçut plusieurs blessures au service sous Louis XV.

QUESNEL (du), capitaine de vaisseau du port de Col, gouverneur de l'Isle Royale, mort à Idem, le 9 octobre 1744.

QUESNES (le vicomte de), tué à la bataille d'Azincourt en 1445.

QUESNOY ET D'AUDENARDE (Louis, *sire* de), baron de Saisièle, fut tué à la bataille d'Azincourt en 1415.

QUESNOY (Gille du), lieutenant au régiment de la marine,

blessé au combat de Saint-Nicolas en 1639, est tué au siége d'Arras en 1640.

QUESNOY (le sᵣ du), chevalier de Saint-Louis, capitaine de grenadiers au régiment de Normandie, tué au siége de Barcelonne en 1712.

QUESNOY (Jean-Baptiste-Angélique, comte du), chevalier de Saint-Louis, lieutenant et ayde-major aux gardes françoises, blessé à la bataille d'Ettingen en 1743.

QUESSE DE VALCOURT (le sᵣ de), capitaine d'infanterie, tué à la bataille de Fleurus en 1690. — (V. VALCOURT au cas de rapport avec cette famille.)

QUETEVILLE (le sᵣ de), lieutenant au régiment de Champagne, blessé grièvement par le *Duc de Bourgogne,* dans le combat du comte de Grasse contre l'amiral Rodney, au mois d'avril 1782.

QUIEN (Pierre de), seigneur de la Neufville, capitaine de cavallerie, mourut en 1675 couvert de blessures.

QUIERET (Hugues), seigneur de Tours en Vimeu, chevalier, amiral de France, gouverneur de Tournay, sénéchal de Beaucaire et de Nismes, mort d'une blessure qu'il reçut dans un combat naval contre les Anglois en 1340.

QUIERET (N.....), seigneur d'Azincourt, tué à la bataille d'Azincourt, le 25 octobre 1415.

QUIERET OU KYÉRET (Hutin), chevalier, de la même famille que le précédent, tué à Azincourt, le 6 mai 1424.

QUIERVRAIN (Georges de), tué à la bataille d'Azincourt en 1415.

QUIERVRAIN (Henry de), son frère, tué à la même bataille.

QUIERVRAN (le seigneur de), fut tué aussy à la même bataille (l'on ne peut douter qu'il soit différent des deux précédents puisqu'ils sont nommés tous trois distinctement dans les chroniques d'Enguerrand de Monstrelet.

QUILINIER DE BOISANGER, lieutenant de frégate, du port de Brest, mort à Pensacola sur le *Tristan* commandé par M. de Vienne, le 6 octobre 1719.

QUINCÉ (le comte de), gouverneur de Guise, attaque avec avantage un corps de troupes ennemies près d'Avesnes; mais il est blessé en cette affaire, 1643. Il est encore blessé à la prise de Vietri, dans le royaume de Naples, septembre 1648.

QUINCEROT (de). — (V. HARANGUIER.)

QUINEMONT (Jean de), seigneur de Varennes, mourut en 1637, commandant un vaisseau du roy à l'attaque des isles Sainte-Marguerite.

QUINQUEMPOIX (François de), comte de Vignory, chevalier de l'ordre du roy, gentilhomme ordinaire de sa chambre, et capitaine de 50 hommes d'armes de ses ordonnances; favori intime du duc de Guise, mourut d'un coup d'arquebuse qu'il reçut au front au siége de la Fère, en 1580.

QUINQUET (le sr Benjamin), officier dont on ne spécifia pas le grade, est tué au siége de Maëstricht, 1632.

QUINSEROT (le sr), lieutenant au régiment de Normandie, est blessé au siége de Spire, 1635.

QUINSEROT (le sr de), capitaine au régiment de Navarre, est tué le 8 février 1649, à la prise de Charenton près de Paris.

QUINCEROT (le sr de), lieutenant dans le régiment d'Auvergne, infanterie, est blessé au combat de Rhinberg, octobre 1760.

QUINSON (le sr de), lieutenant de la mestre de camp, est blessé au siége de Tortone, décembre 1642.

QUINSON (Jean de), seigneur de Verchieres, capitaine au régiment de Mazarin, infanterie, fut blessé d'un coup de pique à la jambe au siége de Tarragone en 1644.

QUINSY (le sr de), lieutenant au régiment de Picardie, tué à la bataille de Parme en 1734.

QUINZAQUE (le sr de), gendarme de la garde du roy, tué au combat de Leuze en 1691.

QUIQUERAN (Robert de), seigneur de Ventabren, tué en 1586 au siége du château d'Allemagne en Provence.

QUIQUERAN-VENTABREN (Balthasar), co-seigneur de Venasque et de Saint-Didier, colonel de l'artillerie du pape à Avignon, écuyer d'écurie et gentilhomme ordinaire de la chambre du duc d'Anjou, gouverneur du château de Noves et capitaine de cent hommes d'armes, ambassadeur près de Sixte V, appelé *le fléau des hérétiques*, fut blessé au siége de Boulene en 1562 et fut tué à Avignon le 16 novembre 1622 d'un éclat de canon, en faisant les fonctions de sa charge de colonel de l'artillerie, à l'entrée de Louis XIII en cette ville.

QUIQUERAN-DE-BEAUJEU (Jean de), chevalier de Malte, capitaine au régiment de Sainte-Mesme, infanterie, tué au siége de Lerida en 1646.

QUIQUERAN (le sr de), chevalier de Malte, est blessé dans un combat engagé le 29 janvier 1650 près de Sicile contre un vaisseau turc.

QUIQUERAN-DE-BEAUJEU (François-Joseph de), capitaine au régiment de Saint-Sandoux, dragons, tué au siége d'Aire en 1676.

QUIRIT (Antoine), seigneur de la Richardière, tué dans les guerres de Louis XIV.

QUISSELIN (le s^r de), exempt des gardes du corps, est tué à l'affaire d'Ettingen, juillet 1731.

QUISTILLIC, capitaine de brûlot du port de Brest, mort dans la campagne de Siam sur le *Dragon*, 1691.

FIN DE LA PREMIÈRE PARTIE DU TOME TROISIÈME.

PARIS. — IMPRIMERIE DE E. MARTINET, RUE MIGNON, 2.

Documents historiques sur la maison de Galard, recueillis, annotés et publiés par J. NOULENS. *Paris, imprimerie Claye*, 1871-76, 4 tomes en 5 vol. gr. in-8, planches.......... 150 fr.

> Cet ouvrage, qui n'a pas été mis dans le commerce, renferme un très-grand nombre de documents anciens sur l'histoire du Midi de la France, et particulièrement sur la Gascogne et le Béarn, d'où la famille de Galard est originaire et s'est perpétuée depuis l'an 1200.

Indicateur du Mercure de France, par J. Guigard (1672-1789). *Paris*, 1869, in-8............................ 5 fr.

> Table très-précieuse pour consulter la volumineuse collection du Mercure, si intéressante pour l'histoire des XVIIe et XVIIIe siècles, et qui ne comprend pas moins de 1200 volumes.

Indicateur du Grand Armorial général de France, recueil officiel dressé en vertu de l'édit de 1696, par D'HOZIER; table alphabétique publiée sous la direction de L. PARIS. *Paris*, 1855, 2 vol. in-8........................... 30 fr.

> Table pour consulter l'armorial de D'HOZIER qui se trouve à la Bibliothèque nationale.

Armorial de France, Angleterre, Écosse, Allemagne, Italie et autres puissances, composé vers 1450 par GILLES LE BOUVIER, dit BERRY, publié par VALLET (de Viriville), profess ur à l'École des Chartes. *Paris*, 1866, in-8.............. 8 fr.

Nobiliaire du Ponthieu et du Vimeu, par le marquis de BELLEVAL, *Paris*, 1876, in-4......................... 10 fr.

Armorial de la province du Beaujolais, par DE LA ROCHE-LA-CARELLE. *Lyon, Perrin*, 1853, gr. in-8, *blasons*......... 8 fr.

Armorial général de la France, par D'HOZIER.

> Province de Franche-Comté, *Paris*, 1855, in-8............. 5 fr.
> Province de Bourgogne. *Paris*, 1876, 2 vol. in-8........... 10 fr.

Nobiliaire universel de France, ou recueil général des généalogies historiques des maisons nobles de ce royaume, par DE SAINT-ALLAIS, avec le concours de MM. DE COURCELLES, l'abbé LES-PINE, etc. 20 vol. in-8........................... 1 fr.

Nobiliaire de Guyenne et Gascogne, par O'GILVY et DE BOUROUSSE DE LAFFORE. *Paris*, 1868, 3 vol. gr. in-8, *blasons*....... 60 fr.

Dictionnaire héraldique, contenant la description et l'explication des termes et figures usités dans le blason, par CH. GRANDMAISON. *Paris*, 1861, gr. in-8, planches..................... 7 fr.

Dictionnaire des familles qui ont fait modifier leurs noms depuis 1803 jusqu'en 1865. *Paris*, gr. in-8............. 3 fr.

PARIS. — IMPRIMERIE DE E. MARTINET, RUE MIGNON, 2.

www.ingramcontent.com/pod-product-compliance
Lightning Source LLC
Chambersburg PA
CBHW070620100426
42744CB00006B/562